茶禪一味

不為自己求安樂

但願眾生得離苦

目次

前 言

　　禪法不是專有名詞或某種特殊的修行，而是每個人真實生命的體現。它打破一切模式，可以用種種方式表達，自古以來，許多大德禪師們都以自己的方式詮釋對生命實相的覺悟，並以各種形式接引人。

　　禪法如果不能活在每個人身上，從個人的生命去展現，那就只是象牙塔裡的禪；如果參禪的修行只能在禪堂裡面進行、或只有少數人才能接受，也就失去了禪的精神。如何將佛法、禪法應用到生活各個層面，使禪法更為普及，還有待我們去開展。

　　祖師禪林在 2011 年的春、夏，分別舉辦了兩次茶禪活動，著重於藉著茶來提升內在涵養、體會生命的實相，從大家生活中所熟悉的事物，慢慢和佛法修行打成一片，獲得佛法的利益。

　　禪法的生命原本是每個人都具足、都可以展現出來的，只是一般人欠缺這樣的訓練和用功。其實，在南宋以後，大慧宗杲禪師的思想深深影響了宋明理學，在文學的詩詞和戲曲中都可以看到禪的

影子，當時中國禪不僅和文人的生活結合，同時也發展到民間；然而，飲茶或插花等生活中事，最終卻是在日本發揚光大成為茶道、花道。

這主要是因為後來朱元璋以和尚的身份取得天下後，規定出家人不可以到民間講經說法、和老百姓打成一片，只能在寺廟裡念經打坐，變成山林式或寺廟式的禪修，使禪的生命萎縮了。而後期的出家人也不像在唐朝必須經過國家考試才能取得僧牒，反而用錢就可買到，再加上缺乏教理的研習，因此素質越來越低，更無從弘揚真正的禪法。

如同圜悟克勤禪師所說的「茶禪一味」，茶道和禪門關係深遠。在2011年所舉辦的兩次茶禪中，茶老師指導茶，我則從旁指導禪修，以佛法的止觀或般若直觀來一層一層相應到禪法，最後與祖師禪相應，開發生命究竟實相。本書即由這些開示編纂而成，可以一篇篇玩味，也可以做整體思惟，對照修行，層層深入祖師禪的內涵。

　　這兩次的茶禪活動，很感恩幾位專業茶人的義務協助，包括專程從香港前來的葉榮枝老師，他是香港樂茶軒的主人，同時也是香港茶道協會會長，他不僅愛茶，也致力在香港推廣茶文化。另外也要感謝吳氏（無事）三姐妹，曉慧、曉貞和曉柔，她們一位是經驗豐富、樂於與人分享茶文化的茶人，一位以巧手佈置茶席花，一位彈奏悠揚的古琴，為茶禪活動增添了優雅的文人風味。他們的無私協助，正是生命中智慧與慈悲的展現。

　　活動中所有茶具，都由知名陶藝家陳九駱老師提供。我們第一次辦茶禪，向他借茶杯，他很高興的借給我，我也很高興的使用。後來聽說他燒製的茶杯市價九千元，比較大一點的茶碗更要十幾萬，我說趕緊拿回去，我們不借了，倘若一不小心打破我哪賠得起？

　　陳九駱老師很有趣，他說：「法師，你拿去用，若打破了不必賠，反正一切諸法本來就是成住壞空。」我一聽，有意思！後來我們結為朋友。最後他把借出的茶具全部送給了我們道場。

　　他雖然已是成名的大師級陶藝家，但日用極為簡樸，甚至住處是破舊的海沙屋也不以為意，生活就像個自在的修行人。

　　另外，還有不少義工成就了茶禪的活動、並且協助和護持本書出版，我都感恩在心！但願更多眾生能真正體會茶禪一味。所謂「一味」是指沒有分別，也就是從茶裡面見到真實的生命。並不是說因為自己的生命迷惘煩亂、有諸多不安，必須藉著飲茶來放下身心的苦惱、或者提升生命的內涵。如果只是這樣，那只是在表相上去努力；一旦能真正了解，如幻假相當下就是真實的實相。

　　若想親證生命的美好，一定要誠懇的面對自己，不要胡里胡塗過一生。人很快就老了，轉眼已是百年身。我在北投長大，這裡很多地方我做小沙彌時經常跟師公走過，彈指間，五十年過去。

　　若不經心，生命就這樣從指間流過。如何真實地面對它，就要用佛法的修行善觀一切，觀照心的起滅和作用皆不離因緣。將因緣的實相放進心裡，做為自己在生活中對人事物的智慧準則；離開這樣的準則，就是依妄想分別執著而活，永遠在生死中流轉。

　　智慧的產生，從專注開始。行茶中就可以學會專注、學會讓心沉澱下來，心性裡的圓滿清淨才能少分的顯現。體會到心性的圓滿，才能肯定自己，知道原來生命何其豐富可貴。

　　六祖悟道時說：「何期自性本自清淨，何期自性本不生滅，何期自性本自具足，何期自性本不動搖，何期自性能生萬法。」「何期」的意思是：「是哦！原來如此！」佛陀、善知識們告訴我們是這樣，但我們沒體會到；明明有，自己卻不曉得。

　　要超越生命的執著，知道它如夢幻泡影，不僅如此，也要在它如泡影的瞬間，覺察到當下的雋永及美好，就像魔術師所變的幻術那樣美妙，而能從種種如幻不實的現象中，以智慧善巧去莊嚴世間，成就人生真實的淨土。

茶 話

　　傳說中，兩千七百多年前的神農氏發現了茶葉，姑不論傳說是真是假，中國古文化確實很早就有關於茶的記錄，在六、七千年前的河姆渡文化遺址就發現了茶樹根。

　　不過，中國早期是將茶作為藥用，甚至入菜，到漢朝才拿來飲用。到了南北朝時期，士大夫階層已有不少愛茶人士，然而，飲茶真正蔚為風氣，是在唐代，並且和出家人有關。

　　在山林間修行的出家人，所住之處都很簡陋，冬天即使在室內也非常寒冷，而且出家人過午不食，沒有吃晚餐，因此往往會去煎茶，就是將摘下的新鮮茶葉搗碎，再加一些乾炒過的米，並放入搗成泥狀的生薑、或中藥類的枸杞等，一起放在缽中研磨成粉末，再放入碗中加一點水；吃下去不僅可驅寒，又可以療饑，還能止昏沉，因此，那時的禪修者在晚間通常都會飲用一碗像這樣比較濃的茶湯，效果很好，後來慢慢傳入宮廷。

　　一般送到宮廷的茶葉，是製成團狀或丸狀，稱作團茶。一團一團的茶餅，類似現在的普洱茶，只是沒有那麼大塊，直徑如碗口大小。它是將茶葉濃縮製成餅塊，然後自然發酵，存放越久風味越佳。

　　團茶很硬，要飲用時，必須用刀或其他工具敲一塊下來，再用茶碾（有點像中藥店的碾器，有一個滾筒）碾成末，然後篩成細粉，放入竹盒備用。

　　陝西法門寺地宮出土的文物中，就有一套唐代的御用茶具，不過，在寺廟的煎茶是連粉帶末一起吃下去。

　　古代早有「煮酒待客」之說，其實更難得的是煮茶待客。當時，一般人只要有糧食，在家中就可以釀酒，叫做濁酒。現在的白酒是蒸餾過的，而濁酒則是糧食發酵後，從甕中直接取出飲用。它的酒精濃度不高，在天冷時需要先溫酒，因此叫「煮酒」，《三國演義》中就有提到「煮酒論英雄」。

　　相形之下，煮茶待客更為殊勝，因為在唐宋之前，茶文化並不是一般人享用得起的，而是流傳於宮廷和士大夫階層。在禪門語錄中也可以看到，當大德來訪時，寺裡的首座、方丈或其他常住會煮茶接待，有時即在飲茶之間論道。

　　到了宋朝，茶裡面不再加入其他作料，而是將茶粉直接放入特別燒製的茶碗中以水注點，並用茶筅攪拌擊出泡沫，碗與茶色呈現對比，看起來很美，此即後來日本茶道的前身。

　　南宋以後，工商較為流通、經濟比較發達，種茶的人也越來越多，不僅上層社會盛行鬥茶，民間也流行此道。當時的宮廷畫就有描繪這樣的情景，大家聚在一起，用各自的茶粉，看誰打出的泡沫最多、顏色最漂亮、停浮得最久，這樣的泡沫使茶湯看起來特別好看。

　　而在明代，製茶方式改變，一片片的散茶取代了團茶，並開始使用紫砂製的茶具，逐漸演變為現代常用的泡茶方式。

　　台灣一般人喝茶深受中國影響，尤其是漳州和泉州地區的功夫茶，其實也是源自於宋代。在台灣，這種泡一小壺茶慢慢飲用的方

式被稱作老人茶，並不是只有老人可以喝，而是感覺上好像老人家
才比較有閒暇的時間，可以如此悠閒地喝茶。其實，這無關年齡或
有多少空閒時間，完全是看心境。

藉著深奧的茶文化，可以了解中國文化之淵博。而從煎茶、點
茶發展到泡茶，在創新的同時卻逐漸失去了初創的精神，以致原本
的精髓越來越不受重視，乃至越來越無人使用，珍貴的文化也就這
樣喪失了，反而在日本得以保存。

日本茶道儀式完全保存了中國宋代的茶文化，他們的傳統茶室
大多建在林木幽深處，走在通往茶室的小徑上，心就已經慢慢沉靜
了下來。茶室通常以茅草和原木蓋成，所使用的木材取來後只是將
樹皮去掉，未多做加工，呈現出它的原貌。室內空間很小，只有四
疊半榻榻米大，大約七平方公尺，裡面沒有太多擺設，最多一幅掛
軸，簡單的花器中插著饒富意趣的花草，榻榻米上擺著簡單的風爐
等茶具，一旁是水房。

早期傳去日本的茶文化非常單純，茶壺不做裝飾，茶具也是大
家生活中負擔得起的，只是讓人從環境的佈置乃至行茶的過程直接

體會生命。然而，演變到後來也一度成為時尚的追逐，講究名貴的茶具，戰國時代的豐臣秀吉在統一全國後，為了請天皇飲茶，打造了一間黃金茶室，牆上貼了四萬多張金箔，由千利休擔任茶主人。

如果只是著重在器物或技術上面去追逐，例如一定要買什麼樣的好茶、要用什麼樣的茶具、非得怎樣泡‥‥，認為有一個「藝」要去成就，那就叫著相，就只是小藝。並不是不要去學這些藝，只是當你執著非這樣不可時，那就不對了。

所有的藝都要近於道。孔子說「道不遠人」，老莊思想也說「道無所不在」，禪、佛法更告訴我們：法法當下都是清淨的、都是圓通的、都是相融相成的，而且處處都在放光。

藉著喝茶這件事，若能體會到每一個瞬間、每一個因緣都是生命的圓滿，每一個現象都是唯一也是最殊勝的，那就是「近於道」，亦即茶禪一味。

能做到茶禪一味，就能體會法法一味、法法一相。

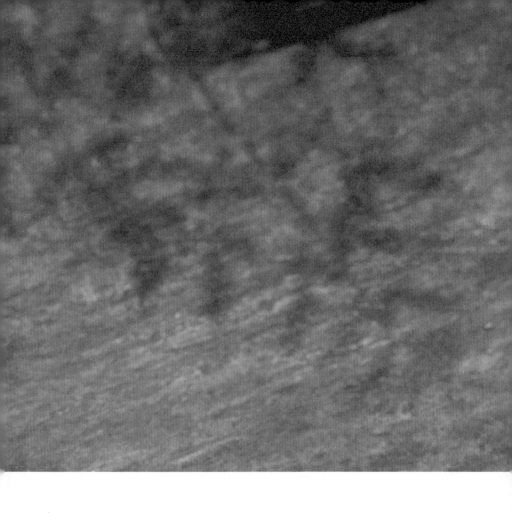

壹

喝茶去

趙 州 茶

唐代的禪院常以茶接待禪眾。

有人初訪趙州禪院，趙州問：「來過沒？」禪人答：「沒有。」
趙州說：「喝茶去。」遠路行腳而來，辛苦了。

趙州又問另一人：「來過沒？」答：「來過了。」老和尚也說：
「喝茶去。」

禪宗祖師接引弟子時，從不用理論或經典來指導、也不直接說
破，往往是藉著生活中的行住坐臥，隨時勘驗教誡。因為旅途辛勞
而叫他喝茶，那是一般俗人的解釋，在禪法修行上並非如此。

老和尚叫你喝茶去，你必須去參那句話是什麼意義，但不要給
任何答案，而是以生命直接去體悟，那時悟到的才是真實的，否則
都只是拾人牙慧。

　　因為遠來辛苦，所以去喝茶。這是我的解釋，不是趙州和尚的。他只叫你喝茶去！

　　為什麼來過的也叫他喝茶去？因為你還要繼續用功，做一天和尚撞一天鐘，老實本份修下去，當然要「喝茶去」。但這也是我給你們的解釋，而非你的參悟。

　　這時，一旁的院主問道：「老和尚，為什麼新來的叫他喝茶去，已經在這裡的也叫他喝茶去？」老和尚看他一眼：「你也喝茶去。」

　　「喝茶去」，代表一個公案、話頭，你若能真正參悟趙州茶，就能品嚐到生命的雋永，活出人生真實的價值；不僅自己可飲用，還能隨時普濟一切飢渴的眾生。若不能參破，喝到的都只是外相的茶。

茶與中國禪

茶和中國禪有很深的淵源。自印度傳入靜坐的方法後，中國即開始注重禪修；在禪宗尚未建立之前，北地的禪師多以安那般那（即數息）和四念處為禪修法門。若長時間打坐而沒有運動，很容易昏沉。

禪門很早就發現茶有提神的好處，通常在午後和晚間，當參禪者體力不濟、或飯後想打瞌睡時，就會為他們準備一杯茶。喝了茶，比較有精神了，就能繼續用功。

早期禪門喝的茶和現在不太一樣，因為中國以前只有在溫暖的南方種植茶樹，北方不生產茶葉，若要將茶送往北地，必須做成茶團、茶餅，以便保存。以前的茶團不太像現在全發酵的普洱茶，可能只是稍微烘一下就做成團，然後送往北方。

茶餅硬而厚重，必須先鑿下所需的份量，用茶碾碾成末，再篩成細粉，然後放進壺裡煮；早期還會在其中加入枸杞、橘皮之類的作料，連同茶末一起吃下去，有點類似現在的客家擂茶。

尤其中國北方冬天寒冷，出家人晚上又沒有藥石（註：即晚餐），這樣的濃茶不僅有提神作用，還可略為解饑、祛寒，因此對禪修很有幫助。

茶在當時很珍貴，從它可以當作十供養（註：香、花、燈、塗、果、茶、食、珠、寶、衣）之一，就知道並非能夠輕易取得，因此出家人喝茶也是一件大事。在禪宗之前的北地禪師，多半住在官方所建的寺廟內，由政府護持，因此修行人在生活中也能有茶的飲用。

在唐朝祖師建立了叢林以後，多半以農耕自給自足的方式生活，不再仰賴官府的資助，許多叢林都開闢了寺院的專屬茶園。中國很多名茶其實都是由寺院種植的，由於禪師們經常飲用，也逐漸改良了茶葉的種植和栽培技術、以及泡茶的技藝，後來慢慢傳出去，才逐漸商業化。

有「茶聖」之稱的陸羽，原是一個被遺棄的孤兒，智積和尚將他帶回寺裡撫養長大，但他不願意出家，最後還跟我一樣逃離寺院，

只是那位老和尚可能比較慈悲，沒有把他抓回來，不像我師公，他說如果我不當沙彌，就要賠他食宿費。我賠不起，只好繼續當和尚。

陸羽在成長的過程中，老和尚當然也教他禪法、識字、學習經典，並且教他泡茶。他在寺院裡的一項重要工作，就是替老和尚泡茶。在他離開寺院多年後，有一次老和尚到一位高官家裡做客，主人吩咐備茶；茶端上桌，老和尚一喝：「嗯～這是我徒弟泡的啊。」果然，從後面出來拜見老和尚的正是陸羽。

老和尚事先並不知道他的徒弟在那裡，而且當時距陸羽離寺已經過了好幾年，但一喝之下仍能辨認出，可見陸羽泡的茶確實與他人不同。

當初陸羽離開寺院後，跟著戲班子四處表演，他演出的丑角頗受歡迎，後來遇到一個官員很欣賞他的才華，送他去讀書，才有之後的成就；但他寫出《茶經》，對茶有這麼大的興趣，大部分都是從老和尚這邊學來的。

　　另外，自明代起即享有盛名的紫砂「供春壺」，相傳是一位名叫供春的書僮，陪同主人在宜興一座寺院讀書時，暗中學習寺中老和尚做紫砂壺，並用老和尚洗手後沉澱在缸底的陶泥，仿照寺旁大樹上的樹瘤所燒製的壺。

　　從這些故事可以看出來，在中國，茶和出家人的關係深厚。尤其古代的茶坊多在寺廟旁，一般人到了那兒，自然而然可以放下一切塵勞，讓心沉靜下來，看著柴火慢慢燃燒，煮水烹茶，與老和尚對談，偷得浮生半日閒，重新獲得生命的啟發。

茶主人

　　茶主人在安置茶席時，炭火和水放在哪裡、花要怎麼插、茶具如何擺設，都必須有條不紊，並且在整體中呈現空間的美感與和諧，也能讓你親切自在的使用；同時要仔細觀察桌子多大、有幾張席位，配合茶主人和客人之間的空間做適當安排，不僅是空間的藝術，也是人際之間、乃至生命與事物的交流。

　　取用每件物品時，即使只是小小的茶杯，都要用全部身心力量，如同貓捉老鼠般縝密，也彷彿獅子捕獸時，用盡全力撲擊，這就是生命的態度！不要因為事情小或大、是你平常熟悉或陌生的，就以輕忽的心對待它，那就無法感受生命真實的和諧美好。

　　當手執茶具，要全神專一，這份恭敬不僅是對賓客、也是對待一切事物時應有的心態。在生活不起眼之處，若能用全部身心力量去觀照，它也必定回應你以安詳與真切，於是你就和它有了對話、

有了情感交流。

　　拿起竹茶匙，以全部的愛和溫暖去掌握它、感受它的溫潤。雖然它早就離開了青青竹林，但它的生命仍與大地、陽光、水融合為一，帶來山林間的空靈，清新安然。

　　手握茶則，輕盛茶葉，它用久之後所顯現的光澤已不同於原先的綠竹，正展現出它獨特的生命歷程。也要感謝偉大的工藝家們，以自己的智慧和心靈之美，將一件隨手可得的簡單物件，化成生活中實用而具美感的巧物。

　　茶主人在燒水的同時，可以教茶客們這樣慢慢觀察。透過引介，能夠使參與的人心胸更開闊，從欣賞物相的美，融入到心靈的善，並體會出宇宙天地的真。

觀 照

對很簡單的事物用心觀照領會，就是參禪。

將注意力專注於此，這是次第禪法的用功，亦即天台止觀所說的制心一處。只要放下妄想，在每時每刻都保有正知，就能達到一心的狀況；遠離了分別妄想，感受到生命內在的和諧安寧，禪定的喜悅就會自內心湧現。當用禪的訓練去面對它時，就能開發生命中更深的內涵。

藉著泡茶的過程，抖落許多妄想分別執著，只注意在當下，這樣的過程會讓心越來越清明安詳。如同家師所說的，經由這樣的觀照，可以使散亂妄想到達身心集中，再進入統一到一心、乃至無心，這就是禪的修行。

在一心的過程中，比如觀照茶杯，達到放下一切相、不對相起分別時，只是用心感受，就會發覺它不再是冷冰冰的東西、也非身外物，而能體會到物我一如，天地日月盡在此。

　　有時候，比起坐在禪堂眼觀鼻、鼻觀心的老實數息，這樣的訓練可以更容易掌握。許多人打坐數息到最後變成用不上力，因為心一靜下來便妄想紛飛，觀照力就很難緣到呼吸的進出，因為太簡單了，於是方法容易掉。

　　但是在茶的訓練上就不同了，必須注意茶具的擺設、花材與花器、生爐火、燒茶水‧‧‧，在動態中的觀照力可以使妄想不容易生起。不過，也可能剛開始會很專心，到最後習氣又來了，對於熟悉的事物，注意力就用不上，容易讓妄想雜念進入，所以在進行之中要隨時觀照。

　　從對身心的貪戀，藉由這樣來沉澱，之後變得清明，然後提升，見到生命的全體。然而，「全體」只是一相，只是人間美好事物的表達——像真善美、永生不朽的成就、或儒家聖賢的完成——卻還未超越到生命的實相。要超越，必須用佛法所認知的因緣法，那時所呈現出來的生命實相，是真正美好而圓滿的。

　　只要放下分別執著，就會覺得一切都很美好，但這還只是一種感受，是因為內心沉澱後所呈現的和諧寧靜，並非見性。不論是禪坐、念佛或誦經，很多修行人都掉在身心相上的提升、或淨相越來越莊嚴成就。如果只停留於此，都還未見到實相。

　　要見性、見實相，必須用佛法的三法印（諸法當下緣起空寂，無我寂靜），相應於此才是出世間法、才是佛法，否則只是四禪八定的身心體驗而已。

　　必須通過三法印見到「因緣所生法，我說即是空」──見到因緣所生法沒有自性，一切都是眾緣和合的，當下剎那生、剎那滅。要超越生命所有認知覺受，進入到無相。無相並不是沒有相或離開相，而是不住著在此。

因緣所生法

因緣法帶給我們很重要的體悟：生命是生生不息而美好的，可經由我們的手去創造。一切的美好雖然是剎那，卻也是永恆；痛苦雖然讓我們痛徹心扉，卻可帶來生命更深的韌性和廣度，啟發智慧、長養慈悲。

龍樹菩薩的《中論》裡面說：「因緣所生法，我說即是空，亦為是假名，亦是中道義。」這是如來禪的過程。如何從一個法到究竟的成就，也就是像《金剛經》中，須菩提問佛陀如何降伏其心，才能得到無上正等正覺；佛陀說要降伏我相、人相、眾生相、壽者相。是說降伏，而不是壓制或擊碎。

降伏，是對因緣所生法當下知道它是空寂的，所以「我說即是空」。這裡的「我」可以說是佛陀告訴我們：當下一切的法，要見相非見，即見如來。見這個相，你要知道它是因緣所生的，沒有永恆實際的相存在，所以叫空。

　「我」也可以解釋成生命實相當下是空寂的，亦即真實的我，當下是生命的空寂。這裡又要經過另一層訓練；剛才的訓練是從一心裡去體悟生命如何放下分別對待，珍惜因緣不可思議，以歡喜感恩的心來感受生命的美好。這是第一步。

　第二步要超越對現前物相覺受的美好，這就是真正進入禪。感受到生命的美好，那只是世間禪，到了出世間禪，你要知道這些物相的真實本體當下空寂，當自己感恩歡喜地面對一切時，要知道當下一切的本質——無論是茶杯、茶壺或茶席花——都只是暫時呈現出的相，雖然有千差萬別或不同的作用，但都是眾緣和合的。

　例如盛茶葉的茶則，是天然竹子加上工藝製作，然後有人買來使用，才呈現出它的相跟價值；在我們看來這樣物品是實有的。佛陀說，眾生的顛倒苦痛、一切煩惱，就是把現前因緣所生的法——從一個小物件，乃至四大五蘊的身心、以及山川大地——都當作實有。

　　例如我的名字是果如，聽到人家罵「果如是壞蛋」，我一聽就受影響了，就覺得很難過。事實上，想想看，「果如」兩個字真的是我嗎？一點都不是，文字或聲音當然都不是我。當安上了這名字，你就認為是你，就覺得受害了，是不是很可憐？

　　從你的「我愛」裡產生「我眷屬」的愛，眷屬不一定指夫婦兒女，也包括名聲、財富、家庭、地位···，你都想去掌控，結果越多的眷屬愛形成你的「我」揹負越深；你想去掌控它，但遲早發覺裡面的因緣由不了你，就會覺得苦惱。

　　年紀四、五十歲時想做什麼都可以，對兒女有百分百的控制權，等到年老，兒女長大翅膀硬了，不高興還頂你幾句，你就覺得人生怎麼這樣子。原本你認為有能力，隨著時間或因緣遷移不再能掌控時，原來的認知或信心幻滅，便覺得苦，這叫生死心、生滅心，不了解一切諸法本來就是緣起性空的，愚痴到認為有個真實的「我」可以去掌控人事物，那都叫痴心妄想。這是苦的第二層。

　　想佔有的物質越多，生命的空間就越窄，最後喘不過氣來。生命的灑脫自在來自何處？這是學佛要認清的課題。當下要從所擁有的物相——不管苦或樂的覺受——感受到它只是生滅的現象，實際的本質是空寂的，沒有究竟的自性存在，所以不該在相上起貪執，一切物相只是還它本源，這就叫空觀。

　　空觀，並不是空掉之後沒有了，是你知道物相所呈現出來的，只是目前因緣狀況下的暫時作用，所以不去貪執它、被它所轉，而能從苦樂種種情懷裡感受到它帶給你的生命廣度，這樣的生命就很不簡單了。

　　孔子說，「三十而立，四十而不惑，五十知天命，六十而耳順，七十從心所欲不逾矩。」能體驗到這樣的人，起碼要達到「知天命」，亦即知道世間成住壞空的相是眾多因緣的和合，人為的力量只是其中一小部分，所以不要依自己的妄想分別想去掌控。

　　如果體會到達「知天命」或「耳順」，不僅能知道一切法是因緣和合，重要的是，當有境界、業果報形成時，不要只掉在業果報的相裡，而要當下知道相是虛妄的，但並不否定它的存在。如果你夜晚作了中十億元大獎的夢，早上起來會不會把夢當成實有？你曾做過這樣的夢，它不是實有，但也不是沒有，夢幻泡影不是斷滅虛無的；空也是這個意思。

　　生命中呈現的每個相，不管苦、樂，只要識心達本，就能盡情擁抱生命的一切，不會再落入其中，就是解脫自在人。「達本」就是知道一切都是緣起空，通達本來的諸法實相。這是小乘的解脫，見到諸法實相，不僅不是消極的，反而是更大、更真實的擁有。

　　每個東西都能盡情享受它，因為它是最美好的，為何要拒絕？但是也不要妄想佔有它，或它已經過去了還放不下。要當下知道它本來是空，所以不住著，但你知道是殊勝因緣所呈現出來的相，是如此稀有，因此每個過程都要珍惜，包括男女情感、兒女眷屬的愛，乃至生活周遭一切。

　　透過空觀的認知,就能真心的愛護,而不是染著佔有的愛欲。宗教家的偉大,能展現出跟凡夫不同的生命價值與力量,原因就在這裡;因為他已超越小我的生命,體認到生命的和諧自在,那已經到達聖人的境界。

　　這時的境界已超越世間相,但所謂的超越並不是離開世間,只是沒有落在世間的相上去執著,而能洞觀諸法的究竟實相,如此才能真正擁抱它。

　　藝術家達到藝術的空靈時,經過他的巧手或生命力量的再現,作品所呈現的美感每每令我們驚歎。這些藝術品各有其相和作用,但皆能撼動我們的生命,因為它們已從有相昇華到無相的境地。

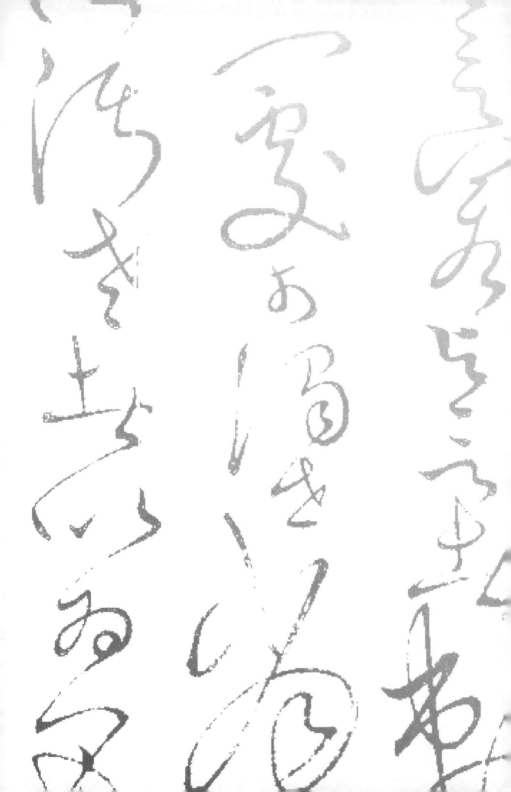

　　像懷素的草書，筆在手中彷若遊龍，來去自如，筆尖之意超出生命之外，往往大醉之下盡情揮灑；王羲之寫《蘭亭序》時，也是醉後揮筆寫就，待酒醒，想再寫出同樣的字也不可得。

　　在無心、沒有刻意想創造時，反而能做出更好的作品。很多人認為：無心，就是技術、技巧等什麼條件都不要。其實，是具足所有條件因緣後，不落在因緣相上，才能創造出最沒有執著的美，那叫不可思議的妙境界相，無法想像或描述，到達化境、絕品的境界。

　　「我說即是空」就是如此。空的當下不是虛無；空的當下，你才能擁抱生命中每一瞬間的美好，才能擁有真實世間的一切，而不再成為一種累贅。

貳

如見大賓

專注，就不會被燙傷

不論如來禪還是祖師禪的用功，都要全心全意的投入，不思索過去或妄想未來，不帶有任何其他妄想雜念，只專注在眼前動作、專注於當下你所用功的法，這就是攝心。

慢慢提起盛著熱水的鐵壺，雖然並不重，也要用全部身心力量專注地提起來，不要只是信手提壺。眼睛也要注意看，如果心跑到別的地方，一下就會出問題。

接著，將鐵壺小心地移到茶壺上，不急不徐、安詳地注水。或許一開始不能掌握得很好，但是可以慢慢調整，就會知道怎麼樣才不會灑到外面。每一個過程，都用心去觀照。

如果欠缺這種處事的態度和訓練，我們在日常生活中做事就會很馬虎，心也會變得僵化、不能夠細緻柔軟，便很難真心體驗眼前的事事物物，只想去佔有，那就永遠是苦惱。

因為沒有把心放在所做的事情上面，在進行過程中，也就無法

感受到這些人事物是如何在和你的心對話、如何與之相應；這樣糊里糊塗的，當然無法發覺自己的身心有什麼問題，身口意三業都照顧不了，只是隨著妄想習氣過下去。

同樣的，在修行時，一打坐下去，你也是糊里糊塗的什麼事都不清楚了，自己的心是否跟那個法相應著、裡面身心的過程有什麼問題‥‥，你一概不清楚；不然就是煩惱來了，你就起更大的煩惱去對抗，結果越對抗後座力越強。這就是為什麼修行不得力。

從喝茶中就可以體會：火候不到，水不熱，沖出的茶就不能喝。倒水時，只要一念未貫注於此，不是燙到自己就是燙到別人，所以必須全神專注。

對於其他事情，為什麼我們就不能如此全神貫注呢？常常變成分身法，人在做，心卻不知跑到哪裡去，只是粗心大意應付過去，這樣當然學不到任何東西、不能有深入的體驗。

品 茶

坐上茶席，先閉上眼睛，放下心中所有念頭，只是靜靜坐著。

此時，藉著打坐，你已慢慢將心中忙亂的種種妄想、追逐、貪戀沉澱下來，將心專注在茶禪的氛圍中，因此，對於茶席上的陳列，就可以用一種沒有貪取、沒有自我意識，比較接近真心的心去觀照。因為沒有強烈的我執，所以事物呈現出來的美、善、真，當下就與你的心相應，起了深刻的撞擊。

當端起這杯茶，看到晶瑩的茶色，美在哪裡你或許無法形容，但是你的心可以感受到。

再一聞，真香！心神為之一振。

輕啜一小口，不要急著吞下去，讓它從舌尖到舌面打轉，在嘴裡醞釀。它有一分澀，但又不是苦澀，其中有甘甜和清香。讓它自然的滑下喉嚨，感受到香氣從鼻子一直到腦門。

再喝第二口，閉上眼去感受茶湯進入腸胃；雖然湯水已下喉，仍有一股回甘的感覺。

你無法形容這味道，但是可以感覺、享有它，只要不用自己的妄想去四處攀緣分別，就在這一念當下如此觀照時，你的生命就真正擁有它。

真實的擁有不是佔有，而是你的生命如何與它相應。相應在一起時，你就擁有了世界。

然後，再慢慢的喝第三口，很悠閒的，或者可以放眼看得很遠、很遠・・・，感受生命就像這茶、乃至於宇宙，是如此的安然悠遠。

就讓這茶湯，將你的心帶到無限寬廣的地方。

飲完茶，可以欣賞茶杯，多麼古樸。席上的小花瓶，三兩株雛菊和草葉，就營造出輕靈高遠的美感。

這些感覺來自於你放下了一切分別執著，心中無所取、無所著時，反而才能真正擁有這一切。當你的心急於想擁有某件事物，能擁有的頂多只是那個物質或者那個相。結果各種「相」越積越多，心中可容迴旋之處就越來越窄。

　唯有將一切放空，才能迎接所有事物的來臨；而每一件事物都是剎那生、剎那滅，所以你不要呆到想要住著在那裡面、永遠保有它。

　當你的生命確確實實品嚐到了這杯茶，品嚐到了眼睛所見、鼻子所聞、以及心的感受，就是你的生命和它真實相應。真實相應時，生命的價值、內涵與意義也就在那裡。

喝 茶 非 小 藝

喝茶不是小道、小藝。它或許只是生活裡的一件小事，然而，若能用心觀照、經營，任何小事都是生命的大道。

禪宗的修行是不離開生活各層面去觀照，然而，大多數人喝咖啡或茶，往往都只是作為解渴或提神之用，忽略了在生活中所接觸到的大大小小的事，其實都是生命全體的顯示。

如果無法從這裡去觀照，而想了解生命究竟的實義，那是緣木求魚。

為什麼我們常常覺得生命空洞不踏實？就是因為沒有善待每個因緣，在進行任何一件事情時，腦海中都急著想要去得到更多東西，要不然就是放不下先前手邊的事物，而未能全心全意在當下，對眼前的小事往往不經心地忽略過去。

培養出這樣的態度後，原來的注意力、誠懇心就會慢慢散失，對事情就越來越無法專注，一面做事、一面在妄想中追逐，以致一

天天過去，只是覺得好累，卻不清楚到底在忙些什麼、日子是怎麼過的。

像我以前泡了茶，常常一面喝、一面盯著經書，以為這樣是掌握時間。其實，佛說一切法，是為度眾生的心，如果能了解心是什麼，又何須一切法？看經不是追求經教義理，而是讓你知道佛陀說的內容，以生命與之相應。我的努力不是想獲得什麼，而是體現出生命究竟實相。

我以為自己這樣很精進，事實上是著於經典的追逐，而不知並非只有以文字記載的才是經教、才是佛陀所要告訴我們的真實義。一色一香，無非中道。

心要如何掌握？要先從有相上培養並落實，首先要體會感受因緣所生法。一場茶會，必須具足諸多因緣，比如要有參加的客人、有茶主人，以及場地、茶具等等，每一樣都要配合銜接得上，才能進行。

　　呈現在你眼前的一切人事物的境相，包括喝茶、禪修、以及此刻靜置於你面前的書，都是因緣所生法。每個因、每個緣都要密切配合，才能成就一個法。因此，每個法的展現，都是莊嚴不可思議的！

　　泡茶雖是小事，也要如見大賓，即使只是拿起茶匙也不輕忽。以眼睛觀照、以手觸摸時，心中沒有任何意念，只有那份直接的感覺，它就不再只是支簡單的茶匙，不僅含藏了藝術家的智慧，也蘊涵著天地山川的靈秀。

　　生命中不需要堆積多少金銀珠寶，當你放下一切、用心體會時，一支小竹匙，就能讓你感受到曾經讀過的《詩經》山野之美、或小時候在綠林中奔跑的喜悅，任心飛翔‧‧‧。

如見大賓

《論語》上說「出門如見大賓」,「大賓」是高貴的客人,也就是說,面對每件事都要有誠敬的心,不可以馬虎不恭敬。

所有的因緣都是剎那生、剎那滅,沒有高低好壞的計較;面對因緣當下所呈現的境,都要用誠敬的心去對它。若能從喝茶、走路、吃飯等生活中的事學會誠敬,面對任何人事物都不會隨便。

儒家說要做到「不欺暗室」,時時刻刻都要有禮義。現今人往往不會自我約束、觀照自己身心,只是隨欲望追逐外在的一切,以為過得灑脫自在,事實上有時反而帶來苦。

面對一壺茶，如同面對好友，誠敬以待，就會不同。如同掃地時，拿著掃帚感受每個動作，每一步都用生命全部力量觀照，而不是心裡嘀咕著：「這麼多落葉如何得了！」手忙碌地這邊掃掃那邊掃掃，而心裡更忙碌。

只要注意在當下，揮出掃帚時很專注，你就和它相應在一起，這樣很快就可以打掃好，不會有很多妄想，反而覺得很充實。

處理每件事都要以誠懇的態度去面對，感受到生命和種種事物並不是給你帶來麻煩，就算是挫折也能嚐到酸甜苦辣的滋味，因而能體會到人生的多采多姿。

每件事都是修行

　　從最簡單的喝茶當中，只要身心能從散亂分別進入統一，生命就會有很大轉變。禪堂裡通常教人如何用功數息和觀照，禪門大德則用生活中的事物，告訴你如何達成像禪修者在禪堂裡同樣的用功過程。

　　當茶主人泡茶時，心止在那裡，同時又要全心觀照水的沸騰程度、注入水的情況、以及泡出來的茶色；還有，茶客拿到茶杯準備喝茶時，如何整肅身心、用什麼心情態度去聞去喝、如何去體驗‥‥，一切都跟禪法訓練相應，只是沒有一一說明過程。

　　禪就是生命的體悟、真實的智慧！禪門裡面每件事都是修行，像南泉普願曾擔任行堂（註：用齋時，為大眾添飯菜或茶水等的職役），行堂就是他的修行，因為每一杓、每一瓢都要用生命去觀照。不僅要把事情觀照好，在行動中還要與實相相應，開發智慧和慈悲。

行堂時不僅要做得麻利，還要照顧到大家，知道每個人吃多吃少、粥如何能行得快又不失溫。在這種生活歷練中，身心安定後就有智慧，自然形成一種力量，不必反覆思考怎麼做，也不會落在妄想分別中。

很多人剛開始學行堂時，不知道該如何進行，而有些人熟練了以後，則是一面做一面打妄想。

在禪門裡，下午進禪堂時，會有侍茶的行者出來，你將放在座位前的杯子拿在手上，行者就會為你倒茶。倒茶要工夫，因為禪眾都是用手捧杯，倒不好就會燙傷人。像虛雲老和尚在禪期中喝茶時，行者倒水濺出來燙到他的手，他正參得用功，一受驚，手一鬆，杯子「啪」地一聲摔到地上，他就開悟了！

祖師大用

唐朝的祖師在指導弟子時，從來不是集體的教導，大概是到北宋以後，才慢慢形成在大型的禪堂集體共修，否則以前連殿堂都沒有，只有法堂。大家清晨集合起來聽老和尚一兩句開示，然後一整天在外面下田或修建房舍，從中體會並實踐法義。老和尚跟弟子說話，也都是藉著生活層面裡的事物，從中讓你體認佛法。

像趙州和尚對新來的或已來過的人，都叫他「喝茶去」，裡面有很深的意義。也有很多祖師在種田時，以田事來考驗弟子，弟子也常以工作中的事來表達他對生命實修的體證。

語錄中的這些記錄都很鮮活，都是直來直往的生活事相，代表著每個生命真實的體驗，看起來很有趣！

有人問趙州和尚，什麼是祖師西來意？他回答：「庭前柏樹子。」寺廟裡面都有種樹，可能剛好一個柏樹上結了很多樹子，所以他這麼說。又有人問他，什麼是佛？他說：「身上衣服重九斤。」

如果靠思索，很難理解這些回答，若往生命去體證，就知道：「祖師西來意」難道不是講「色即是空，空即是色」嗎？當然是，所以告訴你「喝茶去」。生命的當下，你要從茶裡去體悟。沒有見到生命真相的，要去好好喝茶；來到這裡、已經親見過生命的，也要好好喝茶；若你還不懂為何有這兩邊的對立，更要去喝茶。

每個用意都很真切，沒有任何大道理，但不離真實生命。並不是只有古人才能開悟，在現今時代裡，你若想在禪法中像古人一樣「見自本心，識自本性」，只要肯努力，一定功不唐捐。尤其是準備工作——有沒有發心，有沒有承擔——都決定你是否能夠見到生命實相。

什麼叫祖師？不一定只是指出家人。能不被佛陀或祖師的教理所約束，能把自己的真心顯現出來，不依佛求、不依法求、不依僧求，做到無求，能做天地間自由自在的人，就叫「祖」。

　　從修行裡面，要在萬法萬物圍繞之中，顯出自己生命的真實力量，超越有無、好壞、是非種種相的對待，活出生命真價值！

　　前面的修行都是讓我們破相，破除身心的執著，達到無念無相時，你就可以見到生命究竟圓滿！

　　不要以為大道真理只有在佛經中、或佛說的才是，祖師不認為如此。他認為一切大道真理就在你眼前！而且這也不是祖師自創的，是佛經上說的，他只是將它化為更簡單、讓我們都能接受的言語。

　　我期待著，將這生活中大家都具足的國飲，發揮成每個人都能掌握的國藝，並藉著泡茶這樣的有為法，化成每個人真實的生命！

参

壺中天地寬

空 杯 子

　　茶杯如果不空，就無法注入茶湯。就像你來學習佛法，若不能空掉原來的認知，佛法的法水也無法注入。

　　要常常保持謙虛、保持常空的心，不要把我知、我見帶進來，動不動就說：「這些東西我會啦／我懂啦／我了解啦！」要先虛其心，空杯才可以注入你要的茶湯。

　　使用之前，必須先將杯子清洗乾淨，裡面不能留有殘渣或異味；如果茶杯上面有灰塵、甚至沾了毒，倒入再好的茶也沒有用。就像在修學佛法的過程中，若抱有不正確的見解，心地沒有洗淨，就容易出問題。

　　當然，杯子也不能漏水，否則，就算茶湯再好，還沒喝到嘴裡就已經漏光了。如果杯子會漏水，那叫做不堪承受大法。我們在修學佛法過程中，能不能接受真正的考驗？有沒有動不動就退卻、批評埋怨？那樣的心態就像會漏水的茶杯。

　　而縱然是可堪承受的杯器，但是你不願意接受，這叫覆杯，「我就是不吃你的！」那無論多好的茶都倒不進去。杯子中空的部分本來可以承受茶湯，就像每個人的生命都能接受佛陀的大法，但你執著於原來的認知，不願意虛心接受，用覆杯的態度將杯口朝下蓋著，那麼再好的東西你都接受不了。

　　還有，注入茶湯前，需要先溫杯，跟開始學習佛法時差不多，先要發心，使心熱起來，才有想向前追求的動力，否則冷冷的你要學什麼？佛法再好，就算我講得天花亂墜，如果你們無心學習，就像沒有熱杯，仍然沒有用。要從內心生出對這樣東西的熱忱，這就叫發心。

　　發心之後，做好了前面的準備工作，接著放入茶葉，意思是將佛陀最好的大法都納入我們心中。法就是茶葉，但還要有其他助緣，比如注入的水量、水溫以及時間，否則茶葉永遠是茶葉，呈現不出茶湯的顏色和滋味；善知識的教誡和指導也就是一種助緣。

　　沖好茶湯，你要親自去啜飲，如果放在那裡懶得喝，或者不給別人喝，那就沒用，所以聽聞之後要去領解、實踐。就像很多人自稱三寶弟子，跟隨多少法師或哪位名師打過禪七，好像一大堆資歷，但是自己沒有努力修證，也只能說是有這麼一件事而已。

　　問問自己，在佛法裡停留了多久、懂了多少、生命有沒有體會到那樣的境界？

苦茶滿杯

以層次而言，當你的心妄想紛飛，不能當下入如實道的時候，就告訴你從統攝身心做起，只是專心一意地去做，沒有任何妄想。

如同泡茶時，當下沒有其他妄想，念念清楚明白。若起妄想，就不知道開水已經注入了多久；時間太久，茶會苦澀，時間太短，味道還沒有出來。專心而沒有第二念時，你就會知道時間差不多，該倒出來了。

修行就是如此，在用功的時候，念念很清楚，沒有其他雜念，只是全心全意在這一個法上去用功。這樣的專心就叫參禪。

在用功過程中，當開始時，需要對身心、對境、以及心境交融的種種變化一一去觀照，但是當我們享用茶湯時，就讓一切沉澱，

把它空掉,只是這樣喝;若帶來任何身心感覺,不管是傷感或歡喜,任它來,不要排斥。

例如有時會帶起一些過往的情境:「唉呀～多年前巴山夜雨時,也曾與某人共飲。如今事過人非,佳人猶在否?」如果帶動起這樣的情況,也不妨就在這杯茶中去啜飲它,哪怕心中錦瑟無端五十絃,在那邊彈啊彈的,也不會煩。帶來的不管是過去的記憶、或是對未來的遐想,都沒有關係,在一剎那間,過去、未來、現在許許多多事情,縱有千般滋味,都可以任它起、任它生。

待你回過神來,可以感受到佛法所說的「一念具足三千」確實是如此,這一念裡面,可以將過去、現在、未來好多好多東西帶出來。你馬上觀照:從前認為它是那麼的真實、或者是那麼的必要,

如今也只是過眼雲煙，成為記憶中被塵封的一段，只是一時又被帶了起來，也就可以感受到佛陀所說的諸法緣生緣滅的道理。

從喝茶當中，我們就可以感受到，所謂的現在心、過去心、未來心，其實都不可得。但是，只要我們無心的時候，過去現在未來都可以在這一念裡面具足並享有。

因此，即使我們身處小小一室，仍可神遊寰宇，感到天地遼闊，因為內心沒有了這個「我」的貪戀，所以心就自在了，可以像鳥兒一樣四處翱翔。如果不放空，就算在喝茶，入口的也是苦茶，因為有許許多多的情緒放不開、丟不下。

喝茶時，帶動起前塵往事倒無妨，不要把現在的事情帶進來就好了；一帶進來，你就越喝越苦、越喝越煩。在煩的時候，告訴自己這一切也會過去，哪裡需要煩呢？

所有的煩、所有的不安、所有的苦，都是因為心沒有真正的放開。心放開了，因緣一轉變，不就過去了嗎？

　　只要活在當下，善於珍惜一切因緣，就能改變未來的種種因緣。只要面對生命去承當，又不住著於過去，腳踏實地在每一步上去做，那就對了。

　　就像在成立家庭時，都是希望能夠永遠美滿，但可能原來的理想慢慢被現實的挫折打失了，現前的一些事情變成了負擔和障礙，你跨越不過去，身心安不了，就容易和伴侶起爭執。若不善於自處，也必然不能夠和別人相處。

　　既然成家，家庭美滿就是最大的重點，對於生活中的波折或困頓，夫妻要共同攜手去經營、去奮鬥。一切因緣的轉變，要以智慧慈悲去承當、面對、處理，而不要只是抱怨或計較，或者擺在心裡不溝通，就容易出問題。

　　有這樣的果，必然以前有造這樣的因；雖然因果當下如此呈現，也不要只是在果上面取相分別，落在那裡就會很苦。要知道，這樣的果也是因緣合成，都是可以改變的。

　　若以達觀的心態去面對，這些逆境反而能成為礪金石，可能讓你成就更大。所以在生命中面對種種挫折時，不要用消極不滿的態度來處理，例如泡茶時一不小心水溢了出來，只要把它擦乾淨就好，但有時心一煩，「你看，水都沖不好！」就開始埋怨，問題就出來了。這就是沒有善於觀照自己。

　　茶和我們的生命一樣，在行茶過程中要學習付出、觀照，每一刻都不空過，知道其中的轉變美妙，也知道自己的不足之處。每一次泡茶都是心的體悟。

　　這樣的學習就是善觀諸法實相，若能如此，就能泡出讓大家覺得甜美的茶湯。

　　我以前常怨恨老天何其不公平，我老爸在日治時代有很高的學歷，一出學校就在阿里山霧峰當場長，幾年後在嘉義市區開店，連

我媽在三七五減租以前都有好幾百甲的平地，但為何後來在我四歲時得帶著我到處幫佣煮飯？因為我爸有錢後，花天酒地娶小老婆，男人的習氣他都有了，加上自己不善處理，最後終於破產。

因為母親四處幫人煮飯，每換一個地方我就跟著轉學，小學就讀了六所，課業要追都很難。後來當小沙彌後有個安定的住處，心裡好感激，哪裡知道遇到一個牛魔王！

以前媽媽帶著我去別人家幫佣，也學會看主人小孩的臉色，平常不打架不吵鬧時倒也能玩在一起，可是當起小和尚以後，師公很嚴格，下課晚一點回去，師公就打電話去問，假日也得在寺廟裡做很多事，想找同學玩？沒門兒！

這樣苦的日子，在那時候覺得很受不了，但現在走過來，反而感激有這樣的機緣。當時會怨怪，但自從跟家師打禪七之後，整個就轉變了，尤其是對佛法有了真實的領解，了解色即是空、空即是色。

　　大家所領解的「色」，大概只是事相的有無、追逐和成就。我小時候出家時也有一番大志，常想長大後要做玄奘第二，因為我很欽佩他去印度取經，將佛法的真理傳到中國，所以我從小讀書就很認真，尤其是英文，總希望有天也能像玄奘大師那樣弘揚佛法，將中國佛教傳到全世界。不管理想有沒有實現，但曾經也有這樣的大心願，可是，那都是著在相上。

　　後來生命遇到挫折，甚至覺得活著都是多餘的，尤其我二十一歲就因為腦瘤而半身不遂，臉歪一邊，我現在笑起來還是歪臉，以前更可怕，臉斜嘴歪，走起路來搖搖倒倒的。學佛後知道這只不過是業障，不能說它沒有，但它不是真正存在，可以隨著你的心願去轉變，它的存在又會妨礙你多少呢？這半活半死的身心狀況還成了我特有的標誌。

當時半身不遂像半死人，我笑說那是生死兩難，有這樣的體悟也覺得不錯。每次病痛躺在手術枱上就想：下一刻不知會不會再回來？其實不必求下一刻，每一刻充實自在就好。在手術中，肉體跟精神當然都會苦，但面對這樣的苦，反而會以一種超越的心態來用佛法，痛苦自然減輕，便感到身心安定。

任何境界來臨時，尤其是逆境，不要認為是給自己挫折打擊，就像證嚴上人所說的「吃苦像吃補」，苦難的小孩早當家，你願意承擔苦，反而是去接受考驗最好的機緣。

生命經過打擊和苦難的淬煉，從中學習並走出來之後，所言所行就不會像空中樓閣一樣不著邊際。每個生命的轉變跟歷程，都去體驗、去經營、去成長，所以叫粒粒皆辛苦，當結成香甜可口的果實，你才會珍惜。

　　佛法，就是要我們親自去嚐所有的酸甜苦辣；嚐盡以後知道滋味，還要能從那滋味裡走出來，認識它只是一段因緣的假有，並非恆久不變。

　　不管是苦或樂的境界都不住著，然後在苦樂二相或得失二相都不住著的當下，去反觀、反問什麼是諸法究竟的實相。

　　佛法用功，大致是從亂相、從有所貪求的佔有相裡，藉由佛法慢慢覺得內心比較統一，寧靜安然，柔軟慈悲，修行者就覺得很不錯，自己有所進步，佛菩薩也有感應，各方面都很好。但若僅止於此，那就太看低佛教了。這樣的用功，任何宗教都有，包括鬼神道。

　　佛法更進一步地，在世間一切善惡對待、好壞是非的現象中，雖然有相的變化，卻能見出它的實相是緣起空，就不必過度的去問「為何我的命如此？」，如同《離騷》中的＜天問＞。連孔子都會怕生不逢時：「道不行，乘桴浮於海。」也只能「時也，命也」，隨順罷了。

而佛法是認知因緣只是眾多因素和合而成，當和合而生，就有所謂的相出來，分分秒秒一直在變化。透過這樣的認知，就能產生真實的智慧。

既然沒有一個實際不變的東西，就不要貪著怨怪，因為命是掌握在每個人自己手上去轉變。即使在大時代中，你認為自己沒有能力去改變，但起碼你仍然能夠運用因緣去自在歡喜的創造它，所以我們依然可以在五濁惡世找到一方心靈的淨土。若非如此，何苦要修行？

然而，修行若只是在表面相上的進退起心動念──當遇到好的相，就覺得佛菩薩對你多大的恩德，就會感恩佛菩薩的關愛，讓災難病痛消除。等到因緣條件不具足時，你就會問：佛陀為何對我那麼不公平？我天天拜天天念，還讓我遭受這樣的苦難！便產生怨懟──這都是不了解佛法。

　　學佛重要的是，面對世間萬象種種因緣，你用什麼心態、如何努力去轉變，同時能清楚認知、掌握自己的生命過程。

　　有人問，那生活中發生了狀況該怎麼辦？不要只停在相的好壞，要進一步去體會佛法，例如觀世音菩薩在《楞嚴經》中所說的「動靜二相，了然不生」，能做到這樣的境界，才能相應到諸法最初步的實相，也就是進入到空相。

　　動靜二相，一切的對待法，你都能夠清楚認知，又能不執著並且放下。不生，並不是沒有這個法，而是指沒有受它影響，不掉落在相裡起分別計較，但能知道這個聲音就是這樣的聲音、這個色就呈現出這樣的色，每個過程都知道。

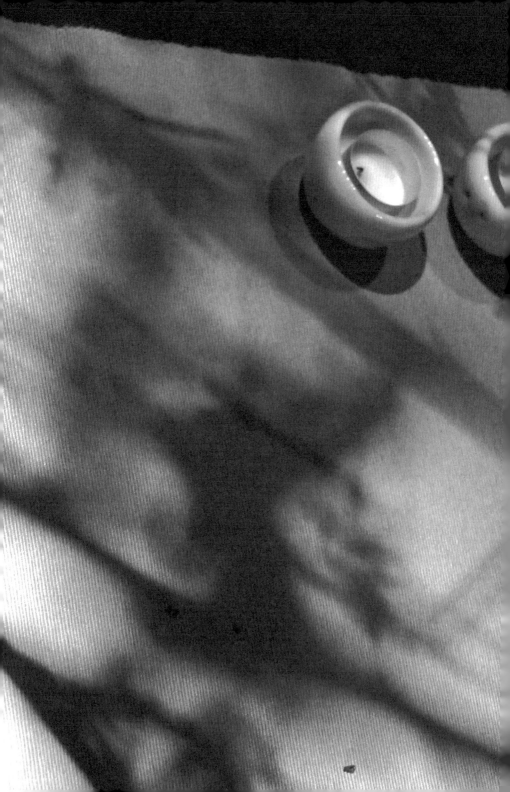

　　學佛者，也不是只是消極的自己斷煩惱就好，更要認清煩惱曾在自己身上有多少苦痛，自己是如何走出來的，現在身心狀況怎樣。若得到佛法利益時，會生起報佛恩之心，幫助跟自己以前同樣痛苦的人，也讓他們離苦得樂。

　　想到這裡，你能不努力嗎？你想報佛恩幫助人，但欠缺能力就做不到；叫你上堂講一句佛法，你說我不會，叫你表演一段音樂，你說我不懂，那就失掉了跟眾生結緣、跟眾生教化的美好機緣。

外煉內化

禪修，其實就是利用我們的眼耳鼻舌身意，用心地觀照眼前的境物，用生命去體會它，並從和物相的接觸當中，領會到它——無論是茶葉、水或器皿——所帶給你的內心感動，這就是生命的外煉與內化。

所謂生命的外煉：平常我們感覺到周遭就是這樣窄小的一個天地，心裡所關切的，可能是自己的一身、一家，或是種種欲望。生活局限在窄小的環境裡面，已經夠可憐了，不像鳥可以在天地間自由徜徉、或像魚一樣在溪流海洋中悠遊，若再加上心也侷促在妄想追求中，這樣的生命當然很苦惱。

喝茶雖然只是生活中一個小小的調劑，但如果能善用，不僅可以當作修行，同時也是生命的提升和解放。

在接觸這些物品時，不要只是落在相上所謂的是非好壞，往往我們的是非好壞都涉及價值觀和金錢觀，這樣你就發覺不出生命真正無價的美好。

對呈現在眼前的事物，如果能夠放下身心的貪愛和執取，以安詳的心去靜靜感受，生命就可以從種種貪戀、妄想、執著的桎梏中得到解放與自由。

讓你的心毫無拘束地，從茶水、茶葉、器皿中，回歸生命最原始的脈動吧。每一件事物都各有特色和內涵，那就是它真實的靈魂，如果把你的心放在那裡去感受，就會覺得很安詳，就不會被臭皮囊的軀殼所局限，那就跟禪修一樣。

初禪的境界，其實就是離開了對色身的貪戀，翱翔在沒有物質拖累的境界中的一種精神解放和充實圓滿，所以色界天稱作梵天，又叫做清淨的天；任何東西都是清淨的，但是只要染上自己的分別對待，就變成不再清淨。

在喝茶時，如果能夠把你自己非常小的那個我的相，去做外緣的伸展或解放，你的眼光就不會這麼短小、心胸也不會這麼窄，就

不會常常活在人我計較裡面，所計較的、所不滿的、所看到的只是眼前小小的事物，使自己煩躁不安。這樣的生命很可悲。

從喝茶的每個步驟中，不論是茶主人的動作或自己的身心情況──也就是見聞覺知，眼睛所見、或者心裡所感受的──寧靜而安詳地用心去觀照、細細去體驗，有時候甚至還要有點耐心，因為這一切跟你原來的習氣有很多不相應之處，你要學習放下原來的習氣分別。就這樣，與茶主人泡茶時的心境融合在一起。如果他是他、你是你，就感受不到茶主人心中的歡喜和諧自在。

這就是生命的進化與提升。提升就是一種內化，就是要能夠從這些事相的差別對待、好壞當中去把它統一起來；遠離了差別對待，又要還它每一個事相的不同。每一種不同產地的茶葉，都能清楚明白的品嚐出來；每一壺水，可能來自不同的地方，也能夠感受到茶水的變化；乃至於在喝茶湯時，舌根的觸覺、內心的感受，都要一一的明白。

　　有這樣的明白以後，不住著在這裡，但是確確實實能夠感受到那一份真、那一份美、那一份香甜。所有微細的因緣變化，你都要清清楚楚覺察，感受其中的差別，這就是三觀裡面的假觀。

　　要能夠有這樣的本事、有這樣的歷練，而不是一喝下去：「都差不多嘛！」沒辦法感受到那些微細的變化。當然，很微細的變化，可能需要假以時日才能察覺，但是只要放下心裡很粗糙的念想，就能夠感受到，或許你形容不出來，無法以言語表達，但是你的心能夠體會：「嗯～這跟剛才的那個不一樣。」

　　知道不一樣以後，如果落在相上的住著，就會變成個人喜好，而沒有還原每一樣東西的特色。不同山川水土所養育出來的人、生產出來的物品都不同，我們要還它的本色，並善用之。

　　這些都清楚了，還要觀照他人的感受，比如茶會上的客人適合什麼茶，下一次他再來，就能夠選出他所喜歡的茶葉，就可以相應

了。或許他原來對茶藝並不是很了解，或者對生活內涵不太清楚，可以透過心靈溝通或者語言上的交流，慢慢引導他進入喝茶的精神，藉此體會生命的深度。

這種種一切都清楚明白，也知道該如何用智慧去抉擇，就叫做假觀，也就是真正的內化。並不是否定有這些差別，只是不住著在上面，但是又能夠善於分別、善於使用。

為什麼菩薩的修行要斷塵沙惑？塵沙惑就是像塵一樣多的種種差別，你都要了解明白，並且能夠掌控，以後再沒有這上面的疑問。斷塵沙惑以後，就得到後得智；後得智不是先天擁有的，像我們本具足的如來智慧德相，以及不生不滅的諸法實相，成佛前如是，成佛後也如是，但是佛究竟圓滿的後得智我們卻沒有成就，所以還要去修行。

大家都有天生的本能可以品茶，但是其中的敏銳度、深度以及內涵，需要更進一步像菩薩一樣去修行。修學得越清楚，在出入於諸法或茶葉間，就可以更得心應手。

　　就像茶老師說的，根據每天不同的天氣甚至心境，彷彿茶會自動告訴他喝哪一款最適合。或者有朋友來，他知道這朋友的性格，再加上察言觀色，看他的心情，再配合天氣、情境，朝茶罐一抓：「這茶最適合你。」這就叫出神入化，這就是真正的內化，也就是所謂的智慧妙用、也叫做假觀。

　　假觀就是對種種的差別一一去觀察、一一去了解，什麼樣的人該用什麼樣的教法，什麼樣的事情該用什麼樣的方式處理，都有所不同。就像齊國打算攻打魯國時，子路、子張請求出使，孔子都沒有答應，最後只同意子貢前往，子貢也果然處理得很妥當，這就是知人善用。能夠審時度人，自然而然就能達到效果。

　　佛法上這樣的智慧不是天生的，除了內在修行有不動如山的心性的安定，還要有外在差別智的成就。

莊 嚴 國 土

　　古人說「萬物靜觀皆自得」，靜觀，不全然是沒有聲音、安靜
的觀照，而是指放下心中急躁的追求與自我。

　　壺中天地寬，壺中歲月長。小小的茶壺中，蘊藏著無限的天地
與雋永生命的時光，你如何與它對話？對藝術品，現代人擁有的往
往只是它的物質部分，卻無法和它進行生命的呼應。欠缺呼應，它
對你就只是死掉的東西；缺乏熱情的擁抱，它對你來說就只是積累，
積累越多內心越痛苦。

　　茶禪教給大家的是學會觀照現前事物。一場茶會，先要佈置環
境，即情境的佈置。情和境是互融的，情是對境的感知，內心的情
會受外在境的影響；同樣的，心中要表達的情感也能呈現在境中。

　　一個人的生活和內心，都可以從他居處的佈置安排上呈現出來。以前我常喜歡去佛友家走走，看他學會佛法後，有沒有把家照顧得很好。從廚房到廁所走一回，一眼就知道他有沒有做個稱職的主婦。如果學會觀照自己，生命中必然也會把家整理得井井有序，因為內在與外在是和諧的現象，不是只有內心安然、外在卻隨它去而不照顧整理。

　　作為一個佛弟子，要把你的家當作未來成佛的國土去莊嚴它；這是你現在度眾生的國土，要先去莊嚴，不只外在的莊嚴，內心也很重要。

善分別

　　開門七件事：柴米油鹽醬醋茶，本來是人人必備，但現在的茶葉，被炒作到一斤八十、一百萬的都有。若是在相上追逐，永遠找不到好茶，因為是求標新立異，要與眾不同、最好的，最後走火入魔，那就很糟糕。

　　好茶不在價格的高低，同樣的，學佛也一樣，不在相上的好壞是非，而在你對待生命的過程中，有沒有盡心力去具足種種因緣條件去莊嚴它，使它更美好，否則，即使是唾手可得的，你都不會珍惜，也欣賞不出它的美好。

　　所謂珍惜，是要知道用什麼方法能使生命更有意義、更加美好，這就是做人要對自己負責任的地方。你的生命呈現出什麼樣的品質或現象，都不要怪別人，給你百萬億的財產，未必見得你的生命品質就會很美好，而縱然你兩手空空，父母什麼也沒給，如果你能善待生命，就像顏回一樣，一簞食、一瓢飲，也能自得其樂。

　　生命的美好不是一句空話，是每個人要親自承擔、也要親自走過。學佛不是一句「佛陀求你保佑我」，自己的災難就能消除。念幾句佛號、做些布施、打坐誦經，這樣就叫有功德嗎？

　　當我們的生命有了迷惑分別，就會問自己的生命何時才能達到美好。你貪圖的是最後結果，事實上，一旦執著在生命假相裡，就很難美好。

　　在假相過程中，不要以為它假，就不去經營它，那就更糟！佛法所說的空絕非如此。佛法的空，只是告訴你沒有一個究竟的實相在裡面，但你要從變化當中看出它的不變，從不變裡面體會它的千變萬化。

　　茶老師問：「若不起分別心，怎麼做茶的評論？」其實，真正的善分別，當然還是清楚知道各種茶的一切條件是否具足，對每款參賽茶，都可以還它本來面目，不是因為自己特別喜歡這種茶，或誰塞錢給我，希望他的茶可以得獎，我就給它評分特別高。

佛法說的善分別也叫無分別，但不要以為是不須分別；無分別
的意思是沒有參雜自己的主觀意見，而能欣賞出這樣東西的真善美，
能相應到你所認為最好的境界，所以評定它是好，這叫於第一義諦
而不動，善能分別諸法種種的差別。

禪修教大家不要起分別心，並非不要動念頭，那叫死人，不是
要大家對境和事物沒有鑑賞觀照能力。《心經》中，觀自在菩薩的
「觀自在」是指能夠以法來觀照生命實相，就能得到生命的自在。
如何做到？就要常「行深般若波羅蜜」，以智慧來觀照分別。

茶禪的訓練，就像《詩經》中說的「伊人在水一方」，這件事
物是生命中最真實的美好，「溯洄從之，道阻且長」，你要不辭千
山萬水的去尋它、找它；但你若抱著有求的心去追、去找，往往心
的貪著會使眼前最好的東西都失落了，因為有求皆苦，你要找的真
善美就不可能達成。

在這努力的過程中也會有苦，但那只是自己的努力修行以及對它還未掌握住的苦；而大多數人是因為沒有得到所以覺得苦，等到擁有後又怕失去，因此才有求不得苦、愛別離苦。

這就是我們在下定決心朝自己目標努力的過程中，往往在裡面生起眾多苦惱，而不能在奮鬥過程中隨時發現生命的美好就在當下。

從禪法訓練裡，要去體察生命的流轉。每個流轉都有不同的因緣，有些是大時空的因緣，有些是由你的心力去促成的內、外親因緣或疏因緣；只要你能用心去相應，就可以成就因緣。至於成就不成就，並非在得失上，而是在過程中有沒有著在貪、著在得。

在轉變過程中，每一步的心路歷程都能清楚覺察、反省觀照，那才是重點。

無 事 喝 茶

知道是妄想，丟開便無事。無事喝茶很好，你為什麼喝茶時偏偏要去找「碴」？一找碴，問題就來了，不僅跟別人過不去，也跟自己過不去。

不要想怎樣除妄想；一放下，當下就沒妄想。不要一面揹著妄想一面說：「好重！什麼時候才能丟開？」

就像李清照的詞：「才下眉頭，卻上心頭」，丟不開也放不下，如影隨形，捉又捉不到，偏偏那麼樣的影響你。在青澀年華被情所傷，總是最重最苦，到最後學會了圓滑，好像多了一層保護，雖不再容易受傷，但原來的真誠已喪失了。

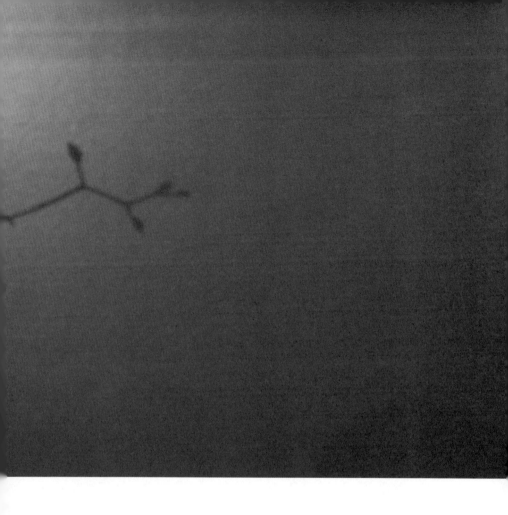

肆

本地風光

感 恩 心

　　如果沒有經過生命的波盪起伏，不會感受到生命的過程是值得珍惜的；如果沒有從風雨挫折中走過來，對生命沒有真實的肯定與受用，就不會懂得感恩。

　　生命要有意義，首先要學會珍惜和感恩。每個法的形成，哪怕是很小的事物，因緣都是複雜不可思議的，前因後果都不是那麼簡單，當它呈現在眼前時，應該以誠敬的心去對待。能夠面對、了解它，就能在其中出入自在。

　　同樣的茶，為何有些人泡得好、有些人卻泡得沒那麼好？不要把責任怪在茶葉和茶具上，同樣的，也不要怪自己命比別人不好、時運不濟，有些時候是沒有認真經營自己的生命。既來到人間，又生活在台灣這環境，福報或多或少不同，但大多數差不多，為何後來自己生命的開展和他人不同，固然是前世造的業，但今生你的慈悲、願心、努力，才是決定生命品質的關鍵。就像如果把壺舉高，沖出來的茶就不一樣，很微小的改變，乃至心念一動都不同。

　　生命的廣度，在於你的智慧和悲心有多廣。任何時空環境裡都用全部生命在貢獻、努力、學習，就會有不同的結果。

　　像茶老師泡的茶跟其他人就是不同，差別在於他經過生命的淬煉與提升，所行的茶已是生命和藝術的結晶。為什麼我們呈現不出來？不要怪別人，因為我們沒有珍惜每個因緣，沒有付出全部力量經營因緣，也沒有從因緣裡學會感恩，尤其是對容易得來的東西不會感恩，認為是應該的。天底下沒有這種事，父母不是「應該」要養我們，家事也不是妻子或先生「應該」要去做。

　　若對於身邊的幸福不知珍惜，只想擁有更多，而得不到就埋怨，將會使現有的幸福變質，因為你的心念也是一個緣，裡面的緣一改變，就變出另一種相來。

　　佛法說本來就沒有一個固定不變的我，不要執著於要得到最好的東西；想佔有、想得到的心越強烈，往往眼光、心念就越窄，就會從芝麻小事去找碴計較。

　　因緣是隨時轉變的，每一刻都是唯一，不會再重來。面對任何因緣，要生起智慧觀照，首先不佔有，不認為應該是如此，同時還要用上從智慧開展出的方便、願、力、智去經營生活，這樣才能使生命更美好。

　　如果你懂佛法，就會了解每個因緣都不可思議，我們真的應該感謝！我也很感謝你們，我常覺得自己何其幸福，可以說什麼都不是，卻擁有那麼多的照顧，讓我一輩子感恩。

禮 敬 萬 物

佛陀某日外出，在路邊看到一塊黃色的破布，便上前頂禮。

弟子們感到不解，於是佛陀解釋：這一小塊破布是過去某位精進用功的修行人留下的，雖然他的身體已逝，衣袍也破敗至此，但因為有這些過去佛、有這些人的努力，法的精神才能夠延續到我們身上。

經典也記載，佛陀經過一座頹圮僅剩基座的古塔，便虔誠膜拜，使弟子們覺得很詫異。在中國，塔可能被認為是佛教信仰，但在印度卻無關宗教，有權勢地位的人都可以建造七級浮屠。

佛陀對弟子說明，塔裡面供奉的就是過去的諸佛。這指的當然不是佛教所謂的佛，而是代表著所有努力實踐生命內涵、實踐人格圓滿過程的偉大行者。例如印度過去的賢君、大德們，除了這坏土，

可能什麼都沒留下，而它所代表的，卻是使世間能夠永保光明美好的象徵。因為前人以生命致力於人格的完成，後人才能夠接續來做，所以要感恩他們。

佛陀頂禮一塊破布、頂禮一座廢塔，背後真正的精神在這裡。

一個人格圓滿的人，體驗到的是生命真正的平等莊嚴，一切萬法所呈現出來的都是如此的不思議，小至茶杯、桌椅、蟲魚花草，都是最圓滿、最真實的，所以法法都應該用最謙卑恭敬的心去對待。待人處事是如此，面對萬法萬物亦復如是。

精 進

為什麼要來學茶禪？為何不用原本的方式喝茶就好？它有什麼不同？

雖然原來的喝茶方法很隨意親切，但欠缺生命的觀照力，所感受的只是表面膚淺的交流。生命要能有深刻的體驗，是要在內心寧靜時，很清楚的觀照著當下一切如何流轉。

通常我們覺得生活千篇一律，不需要去注意也能做，甚至一面做一面胡思亂想，心不在焉。從早上起床，穿衣、刷牙、洗臉，問你刷牙大約擠了多少牙膏？不知道，刷了多久？也不曉得。因為已習以為常，就很輕忽。

佛法告訴我們，從早上眼睛一睜開，對自己身心就要有觀照的能力。有人問我：「法師，我以前做早課是從《楞嚴咒》一直唸到課誦本最後，現在工作比較多，沒辦法再這樣做怎麼辦？覺得沒做到佛弟子的精進。」

　　精進，不是最後變成自己的障礙負擔，而是要不雜不亂，不要有過多的妄想，執著在相上。用功時若存有很多計較妄想，貪戀在得失好壞，那都不叫精進。如果你誦經時想著：「佛陀，你要保佑我，弟子有在誦經哦。」那不叫精進，從佛法角度來說，只是落在人天乘。

　　做為一個佛弟子，要更進一步提升，遠離相上的追逐。遠離並不是沒有；越能放下、不執著，越能相應。家師曾比喻：一支羽毛自天空飄落，若你追著它跑，很難捉住，只要判斷它大約落下的地方，手伸在那邊等，不要有太多動作，慢慢的它就很容易飄落在你手上，有心去追逐反而更難掌握。

　　就像我小時候煮飯，一直掀開蓋子看何時會熟。有時候我覺得煮太慢，就把火加得很猛，結果底下一層都焦了，最上層的還半生不熟，只有中間一部分勉強可以吃。一鍋飯都被我糟蹋了。

　　後來我在佛光山讀書時，男眾也要下廚房，我負責做飯頭，煮一百多人吃的飯，第一次弄得我手忙腳亂，但慢慢的也能越煮越好。那時，煮出的鍋巴還不准吃，要拿去賣，比米價高很多。

　　最後，我一面煮飯一面還能看書，聽滾動的水聲就知道大約何時要把火抽出來、將蓋子掀開，何時加點油才不會黏鍋，何時用筷子一插，氣才能出來，悶鍋又要多久‧‧‧。熟能生巧時自然就掌握得好。

　　所有的成功都來自於前面的努力準備，但不要把目標常放在心裡，以致變成雜念。大多數人在處理事情時，不是充滿了雜念就是妄想，使事情做不好。

　　像煮飯這件小事，為什麼最後我能做得很好、很自在？就是因為在過程中，我對每個步驟都用心觀照，一次做不好，第二次就修正，這樣才叫在法上精進努力。

　　若你以為腿一盤起來，眼觀鼻、鼻觀心什麼都空掉就叫用功參禪，那屋外的大石頭比你坐得更好！

何妨萬物常圍繞

很多人以為精進就是要忙得死去活來，束縛自己到沒有時間放鬆身心，或認為自在安然一點的生活受用是放逸，那都是著於相上用功。

其實，在正確修行法門的指導下，能起正知見的觀照，在生活中隨時隨地把它提起，就叫精進者。

我常看到很多修行者臉上充滿苦相，身心不得安定，手拿一串念珠「阿彌陀佛阿彌陀佛」一直唸，在佛號聲中想得到安定自在，但顯露出來的是身心的不安定、急迫、無助感。這樣學佛是盲修瞎練。

放開你們的眼耳鼻舌身意，恣意地去看、去享受，哪個法曾經障礙了你？哪一樣境界給你帶來煩惱？往往都是因為自己的心起了妄想、分別、執著、貪愛計較，障礙了自己！

　　修行並不是叫你除掉一切妄相，眼不見、耳不聽。龐蘊說，「但自無心於萬物，何妨萬物常圍繞。鐵牛不怕獅子吼，恰似木人見花鳥。」修行不妨萬物圍繞，萬物常在四周又何妨，就像鐵牛不怕獅子吼，木人不妨有種種的花草在身旁。

　　不是沒有萬物、不是沒有獅子吼，只要做到心不起計較分別，就不妨這些萬物常縈繞。何況，從實法上去觀照，法法都是真如實相、自在圓滿，只要不起貪著追求心，當下哪一樣境界綁住了你？又有哪一樣東西不是你能自在的去受用？

　　山川大地無價，不需要花錢就能享受，只要放下身心的妄見，蟲鳴鳥叫都在為你演奏動人的樂章。

　　用禪法的訓練，學習把佛法用在生活中，用般若的觀照來糾正自己的妄想執見，使我們在萬物圍繞當下依然能做自在的主人翁，這才是真實的人生！

大道通長安

為什麼日本人稱喝茶為茶道、插花叫花道、而書法是書道？

道，其實就是菩提。沿著這一條路、沿著這樣的做法，可以讓我們發現生命真實的實相、真實的大道。俗語說「條條大路通羅馬」，禪門裡則說「大道通長安」，長安、羅馬代表我們生命真實的境地，每一條路都可以到達。

《楞嚴經》中說，修行不可離根、塵、識去修——不離見聞覺知，不離六根、六境、六識、七大，而相應到生命實相。六根就是眼、耳、鼻、舌、身、意，例如眼根，在泡茶時要一一去觀照；眼根所對的塵境，比如茶和茶客等等，在佛法叫色塵；見到色塵物相，心裡的領略就叫識。

大多數人往往眼根沒有全神去觀照、對境也沒有去領略，看到任何事物都掉在原先的想法和價值觀裡面，馬上就認定這個好或不好。

　　我前幾天泡咖啡，怎麼樣都覺得不好喝，因為我是急急忙忙地想沖一杯咖啡來提神，心很散亂。但是今天泡的就不一樣了，因為一開始我就把它當作生命的實相在經營著，從準備咖啡壺到沖泡，都是全心全意的投入，沒有任何其他雜念妄想。每一刻，不管眼睛看到的、手接觸到的‧‧‧，都是很踏實的在運作、很踏實的在觀照、很踏實的領略。

　　這樣的領略是如此真誠，當咖啡香味呈現時，你不會又和過去的印象或者內心的期待相連結，只是鼻根聞到現前的香味，你感受到了，也覺察到這一念，沒有掉落在分別過去現在未來或好壞，那一念就是相應到一心、相應到第八阿賴耶識。

　　第八阿賴耶識是染淨和合的一個身心相，通常我們都是用第六意識的心，它常常在做比較、分別、貪取。當相應到一心時，內心安定下來，即使再平凡的事物你都會感到不平凡，它像是與你的生命合成一體，好像在教你些什麼，你的心也好像在與之對話，而有深刻的感受。

　　例如這個茶杯是紅泥做的，你可以感受到這塊土和大地的關係，也能感受到茶水和天地之間的關係、感受到茶葉與山川的關係。只要心沉澱下來，直接用現量的感官去覺察，體驗就完全不同。

　　無情的事物你都可以跟它做生命的交流，更何況是有情的眾生？平常為什麼會覺得他人難以相處，是因為你已經給他貼了標籤，又不能放下自己的我見，當然感覺不容易相處。

· 品 茗

　　品嚐時，只要知道有這樣的過程、有這樣的感覺就好了，語言很難將內心的滋味表達出來。

　　從十二因緣來說，大多數人在領受的過程中就產生了愛、取、有，（即使是不喜歡，也屬於「愛」這一類，那是「不愛」），你如果能還所有情境本來的樣子，不要用習慣妄識分別，天下就太平。

　　「都攝六根」不是要你矇住眼睛不能亂看，並非如此。眼睛不矇，耳朵也不聾，心更要明白感受，只是不要妄加分別追逐，所有東西就像一片明鏡，錄影機一攝，全部還它本來面目。

　　不要以為都攝六根只是念佛法門，它其實也是禪修法門。每個當下，只要用上禪法修行，就能開發生命究竟實相。這樣的努力如果只是剎那過去，那是一時的感受，就像大家在禪修中有時會在境界裡面感受很好，但很快就過去了，煙消雲散，變成只是過去的經驗，那就不對。

佛法說要把這樣的方法做到「淨念相繼」。不是指乾淨的念或沒有邪念,而是指這樣的用功沒有參雜其他念頭,不是一面喝茶一面想:「真好,這杯茶拿去供佛,功德是不是更大?」這樣就不叫淨念,而是妄念了。所謂妄念,是指在這一念當下不該有其他的念──不管是善念還是雜念。

泡好茶之後,覺得味道很棒,拿去供佛,那可以,但不要一面泡茶,一面生起諸多的感想。我們的習氣會讓我們有很多感想,尤其是喝起悶酒來,會帶出更多回憶,只想一醉解千愁。若用茶禪的方式,只要你能掌握住,不怕煩惱不消、業障不除。

<大勢至圓通章>裡說:「都攝六根,淨念相繼,現前當來必定見佛。」不管是見到三十二相佛、或自己心中的智慧顯發出來,那份圓滿自在都是真實智慧體驗、功德圓滿。

· 聞 香

開始行茶前，先在茶則上聞香、看茶。聞香時，你若放在價值高低上，可能馬上就會比較：「這杯價值三百，那杯五百。」那就不是修行的訓練，而是在爭奇鬥豔了。

茶拿到眼前，為什麼要看它聞它？一方面是練習專注，一方面是從內心學會感恩珍惜，因為眼前這些茶是多少人辛苦做出來的，孕育了山川日月的精華，經過許多人的辛勞才來到你面前，未必有錢就能買到。

要學會以感激珍惜的心來觀照、用無私的心去感受，而不是在比較物質高低、價值好壞，要珍惜眼前所擁有的一切。能做這樣的觀照，才能吃出茶的真滋味。若飲出茶的真滋味，就能學會享受生活。

泡茶、行茶過程中，還要學會放開心胸，讓心跟你所接觸的物進行無言的交流。不要以為只有語言才能表達，真正的大法是無言

的。每樣事物都呈現出它最美好的相和作用，有智慧的人就能表達得淋漓盡致，將每個相用發揮到不思議的境界。

不管是喝茶、或只是一杯簡單的白開水，都要用專注虔誠的心去感受。心更為敏銳時，生命就更寬廣，能接納事物的程度也更深邃，否則浮浮躁躁，以為一切只不過是世間相，那就錯了。

沒有所謂的世法或佛法的分別，只是看你在這過程中的分別執著有多強，能不能在每個法的運轉中，以自己的智慧去處理它、以慈悲去莊嚴它。能做到這樣，才叫完美的人生。

我以前的性格很浮躁，經過佛法薰習後，發覺自己生命時時刻刻都很安然寧靜。古人說「不以物喜，不以己悲」，從前覺得那境界很難，慢慢地從佛法中體驗到，所謂悲喜的情懷，看起來無怨、無哀、無樂，其實不然，它只是沒有分別相，但喜樂自在還是存在。

· 聽 音

如何聽心的聲音，這對修行者很重要。

不要怕有苦惱，往往是在自己比較寧靜時，苦惱就在心中起伏，內心躁動不安，常常越想越煩，不知如何是好。但不去想就沒有了嗎？其實它仍然在，只是我們害怕去觸碰。

學佛不是躲避問題、也不是輕忽躁動不安，而是要觀照。家師曾教我們在打坐數息到達心比較沒有妄想雜念時去聽聲音，《楞嚴經》說「此方真教體，清淨在音聞」，以耳朵去聽聞聲音。娑婆世界的眾生雖然都具足六根、六識的能力，但是在二十五種圓通裡面，以觀音法門的耳根圓通來修行，最為圓滿究竟也最快速。

打開耳朵，專心聽外面的聲音。車聲、鳥鳴、狗吠‧‧‧，不必進一步分別，但其實還是能知道它是什麼。一般人沒有修行時，當有某個聲音來臨，就會追逐這個聲音的境，領受之後就是分別，一分別就執著在相上的好壞是非，就起計較貪愛。

在聽的當下，知道它是什麼聲音，可是你不要一煩就說：「討厭，這時我在打坐，怎麼那麼吵！」不要這樣想，你只是知道它是一個聲音或好多聲音的生起，都不理它，任它起、任它滅，所有聲音都聽得到，一一了知、但不去一一分別。

當初師父教我們這樣做，大家覺得哪有可能！每個了知背後都是帶有分別，不然怎麼知道是什麼聲音？可是照著這樣去做之後，果然，所有聲音都知道，也慢慢從眾多差別的喧鬧聲，變成只有一個聲音的平等音；只知道有聲音的起落，但不會起分別。

經過一段時間後，所有聲音變成一個共有的音了，不需要去分別，仍能了然。繼續下去時，很奇妙的，除了比較安靜後能聽到呼吸聲，慢慢覺得心臟跳動或血液流動的聲音也聽到了，內在的聲音越來越清楚。不要害怕是不是會入魔，只要不去執著，這其實是在修行過程中，當心越安定下來之後，內聲、外聲慢慢會更加清楚。

　　本來我們對外在的聲音有追逐、領納、分別的作用，到最後不去追逐，只是領納但不分別，達到一心的現象。內在的聲音平常聽不到，但有時用功到很安靜時，覺得聲音很響，血液流動彷如瀑布從三千尺飛下的聲音一樣大。

　　這都是禪修過程中的變化，只要不執著，知道就好，而且不是每次都會有，要心到很寧靜時才會出現。這時內外不分，很微細或很大的聲音會漸漸消融，心很明白，沒有昏沉瞌睡。進入無聲的狀況，並不是你變聾了，若想要聽那些聲音，它還是會出現，但如果沒有刻意去聽，一切靜寂，卻不是沒有聲音在響。

　　明朝的憨山大師曾坐在瀑布下的橋上打坐，剛開始三個月，瀑布有如雷聲轟鳴，很難入定，只能一直試著把方法用上；最後，慢慢覺得大瀑布彷若無聲。有一晚，他甚至坐到所有的人聲、水聲、虛空、一切境界都空了，連他自己都不存在，大地一片光明空寂；空寂不是沒有現象，而是內外明澈。從晚上坐到天亮，十幾個小時過去，在他感覺只如一瞬。

　　以前曾聽師父說過，有些修道人聽到螞蟻走路好像雷在打，我心想吹牛皮也不要吹到那麼大吧？但確實是如此！不要說是螞蟻走路像打雷聲，在身心很安靜進入禪定時，六根會起很多變化，如果執著它就著魔了；若不執著，這些境界慢慢通過，身心就會真正的統一，這是第一步。

　　所有聲音都清楚，但都放下後，慢慢身心會越加沉靜，最後到達統一。再多再大的吵雜聲，你依然聽見，但內心感受到的是一種無聲息的世界，並不是沒有聲音，而是統一中現出差別、差別中又沒有計較，是一種平等相、圓滿相、清淨相的呈現。

春色無高下

中國早期叢林的生活，沒有繁複的教理或制式的修行，而是當機就讓你體驗生命。

如果你充滿了妄想追逐，來到祖師面前，即便是誠懇的問法，他給你的教導往往就是香板的供養。他不給你答案，因為沒有真實的答案，生命也不是別人給你答案，而是要自己去體驗，所以他只是藉著香板教你降伏妄想分別而已。

一切貴在自己去悟！如何才能了悟？就是不要活在自己的妄想分別裡，認為這樣叫修、那樣做才叫努力。

一般人如果去寺院請教法師如何降伏我執，法師應該都會慈悲的解釋，但禪師的手段就不同了，因為所謂的我執，已經產生在你提出的問題之中，不是用問的可以找到答案。你問怎樣降伏我執？很簡單，不懂就「啪啪啪」打下去，還不懂，就繼續打下去。

　　有沒有答案？我們所認知的答案正好是著相、是心的追逐，想要覓取答案，就永遠沒有真實的答案。

　　你說，「沒有真實的答案，那又何必去修？」沒有答案，歷代哪裡會出那麼多祖師？當然有！答案，經典和祖師早就跟你說了，但落在你的心識都叫我執、妄想。

　　當你還不懂時，祖師隨拈一物：「這個是什麼？」你說它是香板，你會挨打；說它不是香板，也會挨打；不說話，一樣挨打；眼睛往上往下看、不敢看，照樣挨打！你說該怎麼辦？你不了解時，就把你一直逼下去，逼到無處可逃。

　　曾有祖師開悟後說：「原來鼻孔是朝下的。」這是答案嗎？確實是，而且不假思索，是他生命體證過來的。

有哪個人的鼻孔是往上翻的？哪個人的眼睛長在眉毛上面？這是每個人都懂的，怎麼會是開悟的答案呢？其實，重點不在答案的多少及內容、或者如何回答，而在你有沒有見到本心、自性。

自性是一切緣起，諸法當體空寂。你要見到諸法生滅不已的相，但不是像世俗人看到生滅無常之後心生感懷：去年人面桃花相映紅，今年一看，花在景在，人何在？若只有滿心的傷懷，那只能做個多情的詩人，而不是有修行的人。

修行人也能感受到這些變化，但不會隨著相迷失了本來的空寂。花枝有長短，春色無高下，百花呈現出各種繽紛的色彩和姿態，但都是綻放在春天，春日是不變的元素。一切諸法當體空寂，色即是空。

要見到這樣真實的性，才叫見性。見性後，還要從智慧裡流露出種種方便善巧，從空裡轉身過來，在空寂實相裡轉成如幻假相的多姿多采。

春來了，就是要百花齊放，不能是一片死寂；春和百花齊放是不可分的。所以色即是空、空即是色，茶就是空、空就是茶。

若你體悟到的只是諸法緣起、沒有實有的相，知道沒有我可以去貪執、也沒有什麼可以究竟執取，若只看到這樣，頂多像二乘人見到煩惱已斷、生死已了、不受後有；他見的是諸法實相，但沒有見到心地的圓滿清淨。

就像六祖慧能寫出「本來無一物，何處惹塵埃」的偈子時，已經見性了，但不是禪宗的圓滿開悟，因為尚未「明心」，沒有知道心的功能有種種作用。像行茶、插花、攝影、書道‧‧‧，這些都是心的流露、智慧的妙用，藉著這些作品，將心境所體悟而無法言喻的東西，以種種方便善巧表達出來，讓人也能感受到其中的內涵，這就叫智慧、明心。

三界唯心，萬法為識。心生種種法生，心滅種種法滅。若你不知心含攝一切，見到的只是空寂的一面，不能像佛菩薩一樣有種種功德、慈悲、善巧去度一切眾生，所見的就不究竟。

本 來 面 目

我們的身心時時刻刻、年年月月在改變，終有一天要歸於大地塵土，究竟你是誰？為什麼來到人間走這一遭？

這一生我們已走過多少日子，你確實掌握生命了嗎？哪一刻是真的安然自在？

因為身心在污染煩惱之中，你所看到的一切就都是在相上轉來轉去，一下被好相所著、一下被逆相所苦。其實，相的生滅來去只不過是因緣，到底什麼是生命不生不滅的究竟實相？也就是禪宗所說的生命的本地風光或本來面目，到底是什麼？

當下就要從生命的現象中體會出真實的生命，不需要去除一切眼、耳、鼻、舌、身、意所受用的色、聲、香、味、觸、法，法法皆自在圓通，乃至一切妄想計較分別當下也是真如的實相，所以才說煩惱就是菩提、生死就是涅槃。

　　不要只是嘴巴會唸，要從生命裡去親證它！為什麼在這生滅變化不已的無常之中，竟然就是清淨圓滿的生命實相，並且不生不滅、不來不去？為何如此？能有這樣的疑問，用心努力，就叫參禪起疑情，就叫做修行。

　　參禪不是只是呆呆的坐，是要在生命每分每秒過程中，都能從現在所處的境緣當下去觀照、去反問：為什麼諸法是法住法位？為什麼諸法自在圓融？這都是經典說的。你說通常體驗到的是無常、苦、空、不究竟，那難道是佛騙我們？不僅騙了印度人也騙了中國人？歷代祖師多少人同樣受用這句話，如果不是究竟真實，哪有這樣的力量？家師又何必盡一生努力和心血來宣揚漢傳佛教、光大祖師禪的修行？

　　大家要去承擔老祖宗遺留給我們的最大寶藏！如來所有的教法當然珍貴，但容易流於只是教理名相的研習，大多數人比較無法真

實得力。禪宗力掃一切文字義理，直接就你的本心去下工夫，就不容易變成心外求法、心外覓佛。

《楞嚴經》說心不在內、不在外，甚至要找一顆心也找不到。沒有所謂的相可追，但並不是否定它的存在；它存在於所有一切的當下，蟲鳴是實相，放屁難聞不動聽，也是生命實相。溪聲盡是廣長舌，山色無非清淨身。

你若能從修行上做到動靜二相了然不生、染淨二相了不可得，也就是沒有能取捨的心、也沒有能追逐的外相，身心就可以安然自在。再進一步到無智亦無得，當下就能體會「生滅滅已，寂滅為樂」的境界。

但是，行遠必自邇，要走千里遠，必須從眼前這步踏起。要老實真切地在現下每一分每一秒所進行的事物上，用智慧去觀照。

伍

感受茶心

心靈對話

　　我最近在看蔣勳的《南朝歲月》，裡面介紹王羲之的字帖，都是草書和行書，我大部分看不懂，但可感受到它的氣韻。帖的內容多是書信，可體會出當時的情境。西晉滅亡後，遷到建康成立東晉，王羲之雖然是士大夫家族，在南朝也有很高的地位，但畢竟已遠離國土，在那動盪不安的時代，很多帖裡都寫著喪亂、離別、死亡，感慨人生的無常苦空，可以感受到當時士大夫流離失所的苦難與困頓，以及在這種狀況下的達觀或無奈的情緒，使書法成為與生命相契的藝術表達。

　　歷史記載著事，書法字帖寫的則是當時人的生活感受，看起來更能相應。不在乎看得多快、多少，就只是欣賞書法和文章內容。字帖的字不多，但很真切，將我帶回以前讀過的《世說新語》和《文心雕龍》，雖然相隔千年，但這些歷史上的情境與人物一下又鮮活了起來，那就是我和古人產生生命的交流與對話。

　　如同一位學者曾說，讀古人書，如與古人相對坐。觀藝術品亦然。真正名家製的壺，是從他生命中所創作出來的藝術，跟工廠大

量生產出來的器皿當然差別很大。當你靜觀自得時，可以從這個壺的質地、工藝，感受到藝術家的生命內涵。

如果放下心中所有一切，全心全意用心去觀照、去感受，即使你對這方面不了解、也達不到專家的技術，卻可以成為他的知音。以後若有機會見到這位藝術家，不需要多言，有時一兩句他就會引你為知己，因為你是用生命在和他的作品交融。

藝術的高妙不容易達到，可是若有人心靈相應到這裡，那就是知音。就像伯牙撫琴，結果竟然是一個不會彈琴的樵夫鍾子期能夠真正欣賞他的音律。

當我們全心去觀照時，其實就是在修行。越是全神貫注，反而越不累、越安然自在。你必須把這樣的領悟用在生命每一刻。

即使無言的東西都可以跟它對話、做心靈的交往，甚至可以體會出它內在那個不為人知、無相的話語，叫做無聲話。那麼，人可

以表達出和你同樣的情感、同樣的語言、同樣的行為,為什麼你反而無法跟他對話,跟他這麼陌生,產生這麼多隔閡痛苦呢?

對於這些無情之物,只要放下你的心、放下一切分別,就可以體會到它內在生命所湧現的內涵。《阿彌陀經》中說,微風、流水、鳥鳴都在宣流法音。

無情可以說法,那是無聲之歌。

此中有真味

有一回行茶，茶老師教我們用三種方式喝茶：閉上眼睛；垂眼；觀想遠處。我照著做，果然又喝出不同的內涵深度。第三杯喝完，我好想跳舞，內心掩抑不住的歡喜安然，迸發出生命的躍動！

唐朝有位金牛和尚，每次吃飯時，他老人家都很慈悲地擔任行堂。當飯食備妥，要集合大眾用餐，他就敲起鑼，邊跳邊喊：「菩薩子，快來吃飯哦！」

我能感受到這位祖師關愛眾生、慈悲奉獻的精神；他做到住持、指導禪修，又能夠為大眾服勞役，並以歡欣的態度供養大家，我覺得很偉大，可是我並未體驗到他為何載歌載舞，因為在佛門裡，做為出家比丘，這在戒律上是不允許的，我也不明白為什麼吃飯時要用這種態度來歡迎大家。

　　如今我從喝茶中體驗到了。這三杯茶喝下去，生命何等的滿足，是一種奔放、自在、沒有壓力的單純快樂，甚至在剎那間，連時空的差異都沒有，只有自在的法喜！這類似於初開悟時，禁不住內心的安然喜樂。

　　三杯茶過後，會以白開水供養大家。茶後回甘的香味依然繚繞，為何此時卻要喝下平淡的開水？

　　其實，在走過一切之後，你會發覺平淡樸素中的雋永。平常你的分別心很強，會覺得它太無聊，可是當飲過茶中種種滋味，一杯白水喝下去，就會明瞭百千滋味都是從這一味而出。

　　這一味是最樸素的，若能在平淡中飲出它的滋味，而非被平淡的相遮掩住，就會發覺，任它朝雲起落、細風綣雨，實際上都只是相的分別與轉換。

　　若能用心觀照這些相只是因緣和合而成，知道有這樣的變化，但不隨變化起心動念，隨時掌控自己，就能處處做自己的主人，這叫立處皆真，立處皆能作主。

　　「立處」指你所站立的地方、所處的環境、所見的山河大地，乃至色受想行識、眼耳鼻舌身意‧‧‧。品茶時，耳朵聽見水聲，眼睛看到茶色，舌也嚐到苦澀或回甘，身觸感覺杯子冷熱‧‧‧，此時六根起種種變化，只要覺照，就是都攝六根；做到淨念相繼，就叫禪修，諸佛菩薩就會現前。

　　不要把佛當作一個形相，只要你能做到都攝六根、淨念相繼，就能進入念而無念的境界，生命就不同。

　　從一杯茶裡如何喝出真滋味，要慢慢經過生命歷練潛修，然後轉變提升而達成。不要以為喝茶只是小藝，世間一切事物沒有所謂大小，它只是展現出這樣的相而已，你要從大中見其小、小裡面悟其大！

　　如果你曾看過茶老師行茶，早知道下一步該怎麼做，以為泡茶如此簡單，就會被心中的相所迷惑，被起了習氣的心帶著跑，就會按捺不住，坐得很辛苦。

　　應該要都攝六根，去感受每個過程。感受跟分別不同，五根的作用，比如眼見耳聞時，如果又抓回來藉第六意識做比較，就是落在情識分別。用自己的妄情去分別，就會被籠罩在主觀的意見裡面。

　　而感受，則不是用第六意識對認知的經驗做好壞判斷，當下眼前所見的，就能還它本來面目，只是知道有這樣的過程、有這樣的感覺就好了。

品 味 萬 法

　　只要放下心中一切分別計較，有那一份真心，就是白開水也是非常有滋味的。但是，你也不能否定茶的特色，茶的確可以讓我們得到生命中的享受，不要把生命中的享受當作是罪惡，明白嗎？

　　我們要去享受生命中的美好，包括飲食、藝術種種一切，但不是去追逐它；追逐佔有，就會變成苦惱和負擔。只要不是追逐，相應到你現在所能擁有的一切，那就對了。

　　以前的鐵皮屋我住得很安心，現在的禪林我也住得很安然。以前我從來沒有住過這麼好的屋子，從來沒想到要這麼好的東西，但既有這樣的因緣，我也照樣使用，因為我不是想佔有、也不是要以此為炫耀，是這樣的因緣，我就做這樣的事。出家人不造作，當呈現出來這樣的境，就受這樣的境，不必排擠它。

生命中的美好，就像這一杯茶，要你自己去鑑賞，喝出裡面的真滋味。唯有真心面對它，才能品出真味。

茶只是一個法，生命中有千千萬萬的法，你所接觸的每一個人、講的每一句話、做的每一件事，都是你面對的法。我們從茶相應到生命的實相時，用生命實相去面對萬法，就能迎刃而解，就自在安然，不會有任何痛苦。

如何顯出生命的和諧自在美好，你要自己去品嚐。

如實喝茶

佛陀告訴我們，一切諸法是因緣和合的，萬法剎那生、剎那滅，所以沒有任何東西可以讓我們貪戀、住著或佔有。既然一切因緣剎那生、剎那滅，因此每一個剎那都是如此不可思議。

所謂的因緣不是斷滅空、也不是虛無的空，而是一種妙有的空。當我們知道它是不可住著、也不可佔有，抖落掉所謂的我見、我相、我愛、我貪，空掉了這個心之後，反而一切事物都和你沒有隔閡了，無二無別。此時，一切事物就變得很鮮活，不再只是個物相、或只是一個跟你生命不同的個體，那就是在禪法修行中所謂物我一如、生命共同體的真實體驗。

如此，你就會感受到這杯茶水蘊含了天地山川之靈。這一滴水不僅來自如此寬廣的地方，同時也和自己生命中的源泉活水一樣，不要以為它和你是有差異的。

　　例如茶葉，如果你沒有感受到它和你的生命是一體的，就會變成外物的追逐。很多人喝茶到最後變成在炫耀、變成貪婪，比如一定要用什麼茶具、泡多少錢的茶葉，那就不是生命的解脫，而成了一種障礙。

　　眼前當下我們能夠擁有時，哪怕是一杯平淡的白開水或一片枯葉，你都要感受這一片枯葉在歲月中曾經綻放過生命的美好；當美好消退，它仍然展現出另一種生命姿態。人世間所有的起起伏伏、美好或敗壞，都是生命的實相，只要不起分別心，一切的相其實都是美的、好的、善的。

　　千萬不要把從喝茶裡面得來的自在解脫，又變成另外一種物欲的追逐，或者又製造出屬於心靈上面的高超或安然。如果又有這樣的住著，那就像參禪開悟後，若認為有一個「悟」可得，就仍然是一分障礙。

不去佔有時，一切事物都叫做世間的圓滿相，你可以享有、擁有它，並不需要去排斥。真、善、美都是世間最好的，世間一切最好的，也就是出世間一切最好的，不要以為另外有一個所謂「出世間最好的」。

所謂的法界圓滿，就是指不管世間、乃至於出世間法，所有一切都叫做一真法界。即使簡單的舉手投足，都可以表達我們對真如實相或對佛的禮敬，以及自己無為、無得的真心。

學佛者平常禮佛時，若心中想著：「啊～求佛菩薩保佑我消業障。」其實已掉入到分別心、我相裡面，那就見不到佛的實相。《法華經》告訴我們，一舉手、一投足，都叫做入如來的如實道，因為他的心念沒有在所謂「我」的分別裡面、也沒有求佛保佑，只是見到這樣的相的時候，產生出一種無私、無求的行為。

有一天我去爬山，有登山客見到我便合掌：「法師，阿彌陀佛。」我也回以：「阿彌陀佛。」我們並不認識，他只是因為看到出家人而打招呼。這一聲招呼無所求、無所得，而這「一舉手、一投足」所顯現出來的，就是見到諸法的實相。

　　要見相非相，才見如來。亦即在諸法的運行中，只要放下自己所有的住著與貪戀計較，所呈現出來的就不是帶有自己分別心的相。當離開了分別，所見的相才叫真正的實相，才叫做「見如來」。

　　見相非相的「非」並不是否定這些，非的是你心中的妄想、執著、分別。不非掉這些，實相永遠顯現不出來。

　　《法華經》中說，小孩子聚沙成塔或積沙成廟，都已成佛道。因為這是他的無私無得，以一種清淨心去表達。清淨心表達出來的，都叫做莊嚴清淨的實相。

　　所以，在這裡喝茶，要以無私的心來相應，處處都要入如實道。若故作清高，或來學習是為了想要得到什麼，其實都不對。

一 色 一 香

　　不要把喝茶看成是一件無所謂的小事；生命中所面對的一切人事物，都是大事。能夠體會出這一點，就能真正明白「佛陀為一大事因緣出現於世間」。

　　不要以為一色、一香、一味只是世間法，佛法說，一真法界的世界，所有一切都是圓滿究竟、自在解脫。如何從一色一香見到諸法究竟實相、亦即佛陀所說的中道實相義，就必須在過程之中，從散亂分別的人我對立心放下貪執，專注在茶上面；身心集中統一後，到一心時，就能逐漸超越身心的束縛，不是仍掉在小我的情見、愛執中。最後連這一心也要放下，進入無心。

　　無心時，沒有身心的範限，沒有時空對立，也沒有眼前的茶水。你的生命就是茶水，茶水就是你的生命，茶水與天地世間合成一體，那時，無限生命的內涵就開展出來。

　　禪的世界很平實，一點都不神秘，大多數人不知如何在生活中涵養，只是向外追逐，那都是徒勞無功。追得越多，心起的執著貪戀妄想越多，生死苦惱越難了。

沉 澱

生命一旦落實，時時刻刻心就可落實，每一步也都會很踏實，看到所有景物都不是去分別計較，而是內心坦蕩，所有美突然映入眼中，就能深刻感受到生命與天地。

現在正是春天所展現的氣息，迎面吹來的風中含著濕氣，抬頭一看，葉子不同了，它正在生長，清新鮮嫩，春雨則帶著似寒非寒的味道。如果用心體驗，就會感覺氣候在變化，可以去欣賞，而不只是嘀咕著怎麼這麼冷。有時感覺寒冷，就在爐中多添點炭火，還可以順便烤地瓜。

因為沒有貪求，種種一切就可以進入生命，處處都覺得豐厚。

從前農家很窮，沒有自來水，通常是到河邊挑水來用，我們小時候五、六歲就要學會如何取水。挑水時要下到溝渠，有時候石頭很滑，一不小心就會摔倒。

　　將水挑回家，倒入水缸，因為河水不是很乾淨，要讓它慢慢沉澱以後才能使用上面的水；下層的水過沒多久就要倒掉，再注入新水。這就是沉澱。

　　心本來就很浮躁不安，充滿雜質，你要學會沉澱。以前也有將明礬放入水中，那是藉外物；心只要經過訓練，不去動它、擾它，慢慢就會沉澱下來，上面自然清澈，你所見的一切感受就不同了。

　　喝茶也是如此。

陸

僧門茶水

同飲一味茶

所謂的祖師禪，不是在教理上做研究，也不是用心意識去思索，而是要斷盡我們的凡心，做到一念不起。只要一念相應到「本來無一物，何處惹塵埃」，本自具足的圓滿清淨本性頓時顯現。

若你覺得無始以來的業障煩惱好多，就像〈四弘誓願〉裡面說煩惱無盡要去斷，用八萬四千來形容似乎都不夠。這是針對世人著在相上而言，不了解諸法真實的法相，對相產生種種分別貪愛計較，於是生死流轉。

祖師禪則說一切本來空寂，連語言文字思惟都不需要，一念當下無念，就是清淨念，一念當下不做任何分別，就與佛無二無別。

趙州和尚問人：「你來過沒有？」為什麼這麼問？若只是到寺院走走看看，不代表明白佛法的意義，重要的是你有沒有見過自己的本地風光、見到生命的究竟實相。若回答沒有，不能掉在沒有裡，那就要去喝茶，代表要去親證它。生命不離所有作務——喝茶、吃飯、睡覺，你要去體悟自己真實的生命，所以告訴你「喝茶去」。

　　趙州和尚又問另一個人來過沒有？那人回答：來過。若只是指曾經來過一次、或是目前在祖師座下學習，那都不是「來過」的真實義。所謂「來過」是指見到自己的本地風光、實相；你若掉在有一法可得，像聲聞說「煩惱已斷，所作已辦，不受後有」，落在有所成就上面，就不是趙州所問的「來過」義。

　　喝完茶，就去洗茶杯。沒喝之前要淨空杯子，而當你喝完之後，杯子也是空的，不要再存著「杯中有美妙的茶」這想法，那就還停留在有所得上面，不是究竟。

　　座主問趙州，為何來過和沒來過的都要去喝茶？若你掉在有修沒修、有證沒證，永遠見不到生命實相。用功是不住兩邊、也不離兩邊。有無、染淨、聖凡、菩提煩惱‧‧‧都叫兩邊。住是住著，執著它為實有；也不要以為佛法沒有染淨善惡，那就變成斷滅，所以不離。既然不住、不離，什麼叫相應，你就要自己去參了。

　　若不了解不住、不離，那更要去喝茶，否則只是形式上每天拜佛、念佛，就自認是佛弟子，其實見到的只是生死的假相，掉在生死、染淨、取捨二相裡，見不到生命的實相。

　　趙州和尚「喝茶去」的意義，代表著在生命過程中，尚未了解生命實相的人應該積極、不放逸懈怠，老老實實地體會它。別人無法告訴你這茶有多好喝。

　　若你和我同飲這杯茶，有時無須言語，一個眼神微笑，就代表對茶的領略。這樣心領神會的妙趣，哪裡是語言所能形容，只有走過的人才知道。

莫嫌僧門茶水淡

佛門有句話，「莫嫌僧門茶水淡，僧情不比俗情濃」。因為，做為出家人、做為師父，不是以凡情來對待大家，而是只問這人該以何法攝受。不盡人情之處，往往正是他對你的慈悲。

為何師父對弟子的要求往往不盡人情？那是因為他要斷除你的分別心，而能在法的實相上做到喜怒哀樂不動於心。

在禪門裡，不管得到肯定或否定，這些境相你都清楚，並不是無動於衷，只是不執著。若是做錯被師父責罵，不要掉在這裡面，只問在過程中哪一步欠缺觀照，就盡力去改正；甚至你覺得自己很認真，卻總得不到讚賞，就越做越煩越難過。

其實，隨著因緣，只要盡心做，就不怕境界有多大。以在大寮修行為例，有時確實不容易，因為要照顧那麼多人吃飯。在禪門，飯煮不夠，典座要跪香，煮過多，也要跪香，所以要用智慧觀照，像天氣冷的時候，大家比較容易餓，每人多吃一口飯就會不夠，若天氣比較悶熱，大家食欲不好，每個人留一口，又剩一堆。你若被責備覺得受委屈，給你的考驗會更大，心越不安越苦，永遠是苦惱身。

我在我師公座下，最初也時常在相上起起落落。那時不懂佛法，師公就是在生活中訓練我，最後，我終於可以消融自己把事情做好，師公罵我時不會苦瓜臉，不罵的時候也不會暗自高興；師公覺得地不乾淨我就重掃，對哪裡不滿意我就再做。幾次以後，他就不再用這種方式整我了。

　　生命中遇到的很多境界都是如此，對突如其來的逆境，一起智慧的觀照，消融自我的身心，馬上就可以把它處理好。

　　禪門的修行其實不是那麼難，不是打坐坐得死去活來才叫參禪，或者坐破多少蒲團才能開悟。禪宗告訴我們，要肯定自己的身心與佛無二無別，因為佛已經在他證悟時一再說眾生皆具如來智慧德相。

　　下手處不要著在相裡，要跳出所有思慮，只是去問：身心原來是清淨的，為何我現在有這些束縛？明知它是空，為何放不下而無法體會空寂的內涵？但是不要用想的去追求答案，最好的方式是頓時體會一切空寂，不落在身心相、境界相，當下覺知身心本自如如清淨，但不掉在如如清淨裡，常以智慧觀照一切圓滿空寂自在。這也就是默照的意義。

　　嚴格來說，默照是不假方便次第，乃頓證頓悟諸法的實相，所以一切方便造作都是多餘的。然而，這種頓悟無生、不假造作、法法清淨、本自圓成，故無修無證，無門為法門，不涉言語教理的修行方式，對修行者而言實在太難了。

　　大多數人一坐下去就掉在四禪八定的身心進步或退失，只有一些定境或禪悅的感受，了不起能進一步用上佛法來修正自己、建立正知見，像以四念處、五停心觀來觀照身心非實有，乃無常、苦、空、無我，知道一切諸法緣起無自性；乃至用般若中道義當下觀照色空不二、萬法皆如；或用唯識轉識成智，不陷入遍計我執，知諸法依他起，徹悟一切諸法當下圓成，唯心所造，唯識所現；或用隨執一法，法法清淨圓融，真妄一如，聖凡不二。這樣的修行，即是不離大乘如來禪的教導。

　　至於祖師禪則沒有方法，每個法當下都是圓滿究竟的。你認為數息是漸次法、最初級嗎？未必如此。當下要知道數息本身就是圓滿的實相，它的相本來也是空寂無生的，但有作用、妙用。數息的過程跟明心見性一樣，沒有差別。

　　有人問：什麼是佛？祖師回答：狗屎。佛的三十二相八十種好，跟狗屎顯出來的相，在本質上都是諸法的因緣和合，緣生的當下有假相，哪個相最好？眾生因為起了分別，以自己的情識建立起認為

這個好、那個不好；你看到木佛、石佛會起心去拜，但是狗對肉骨頭還比較有興趣，丟在那牠馬上去搶。不是狗屎本身跟佛的三十二相有高低，高低好壞是來自你的分別。

從相的因緣和合來說，本來都是空寂平等，從它的作用展現出來的也沒有高低。在唐朝人的觀念裡，女人胖才是美，如今卻是越瘦越漂亮；但即使同樣在當代，非洲某些一夫多妻制的少數部落中，酋長的正妃一定是噸位最大的。

不同的境界、不同的相，確實是隨時代因緣一直變化。燈光暗淡時，有時連最親密的人你都會以為是鬼，到底那個相是真還是假？其實都是自己的分別意識！

各個時代的定位，各得其所、各安其位就好，這就叫禪法。

喝 茶 的 是 誰 ？

喝茶的是誰？如果你說不知道是誰，那難道是魔神仔在喝茶？可是若說是你在喝，你必須確定自己是誰，才可以說「『我』在喝茶」。那到底你是誰？

說有答案也對，說沒答案也對，說有答案也錯，說沒答案也錯。必須放下對立二相的分別執著，連中間也不可有，這才是中道第一義諦。

所有法既然是緣起空，也就沒有所謂不空不有的中道法。若你捨空、有兩邊而取中，那個不叫究竟中，要完全空、有都沒有，連中也不可得的地步，才叫中道第一義諦，也就是生命的實相或諸法究竟的本相，遠離一切對有無的妄想、妄分別。

凡夫認定什麼都是有的，像鬼神你雖沒看過，但哪個人不怕鬼？有人怕晚上太黑，一停電就不知如何是好。到底有沒有鬼，往往是別人嘴巴說鬼、你聽到有鬼，但幾個人真的見鬼？

　但若說沒有鬼神道，連佛陀都說有，為什麼你沒看過？因為鬼神所呈現的福德因緣跟我們不同，當然看不到；但若說有鬼神道，又是謗佛。佛所說的一切法是為度一切眾生，若你落在心有的方面，他就跟你說有，落在心無的方面，他就說無；或反過來，你掉在有，他就說無，掉在無，他就跟你說有。

　真實心性的問題不是用思索的，不是去找答案。若你掉在「喝茶的人是誰？」，永遠找不出來。不要掉在那裡，只是依照茶禪所教的方式慢慢去喝，就可以找到是誰在喝茶。

　佛法也是如此，不要急於想開悟，也不要說就隨它去吧、或下輩子再來，那你就辜負了自己。這一生既然有幸來做人、來學佛，更能聽到佛教的大法，就不要辜負自己，祖師禪能讓我們當下此生就能親證圓滿清淨的本性。

　　禪門裡沒有一句是實法，只有看在什麼樣的狀況下、該用什麼法來指導，法用過了就不存在，那才是佛法。

　　歷史上，很多證悟的祖師們未必每個都會講說、或能善巧的度眾生，因為明心見性後不見得具足善巧方便。六度的智得到後，若沒變成實智、實度，沒有方便善巧、願、力、智，成就不了度生的事業。度生事業要從智裡展開種種因緣去學習，所以無量法門誓願學；但這學習不是去堆積，而是從方便善巧的相裡去掌握它。

　　究竟是誰在喝茶？究竟什麼是生命真實現象？不要不敢去面對它，要鍥而不捨的努力，但不是用想的，又不可以不想，就是去疑。參話頭只是一句話一直疑下去，疑的過程中只是達到專一，到最後身心坐忘，沒有任何念頭，連身心體驗都沒有，卻清楚的了解有這些進行，進入到一念，最後進入無念，在無念的過程中就能見到自己的真實生命。

　　從雜亂的心變成集中的心，然後進入統一的心，再到達正念相繼，最後連正念都不可得，即成就念佛三昧。

　　對禪宗而言，雖然有這樣的過程，但不去證取它，這就是它不同之處。《楞嚴經》也說，菩薩每個果地都必須體驗過，但為何不證取？因為證取它，他在果位上就不會有度化眾生的功能。一來是他自己的悲願心，因為他剛開始學佛時，自己遇到身心的苦，他發願不僅要成就自己，也要令一切眾生成就；所以為度眾生，不忘初心，他不能證取果位。

　　第二，諸法的究竟實相本來就是無法可得，若有智、有法可得，那就不叫證取。第三，若住著在原來的一地，不離開它，便無法到達第二地。第二地是要破第一地的所得，若存有可得的心，就無法往前進。

第四，當菩薩進入登地位，會有點像二乘人一般沉醉在原有的成就上，這時諸佛菩薩會現身來摩首灌頂，告訴他原來的初願，加持這些菩薩，令他們可以走過安住於果位上的成就，而能不在果位上停留，將自己迴向一切眾生，做度生、利生的大願行。

禪法雖然是要大家自己去參，但我也會藉著教理來證明這法門是相應於佛陀所說的，否則很多人批評祖師所教的一切離經叛道，是出於自己的胸臆，所認知的和佛陀的聖言量不同，所以我會配合經典義理，證明不是祖師虛妄的教導，句句有來源。

若停在義理上去了解，便無法證取生命實相。若就著祖師教的東西實際去修行，就能很安全快速地得到生命真實的力量。

一 期 一 會

　　古人常說天下沒有不散的宴席，每次的茶會都是一期一會，所有因緣都是殊勝的，大家要珍惜。

　　不論是世間法或出世間法，一切諸法都免不了有緣生緣滅的相。相有生滅來去，但性是宛然長存的。

　　所有因緣呈現出來的相，包括這次的茶禪，不論是好是壞，都是唯一的、不可複製，不可思、不可議。每個相、每個因緣都無法說盡、無法預料，所以叫不可思議。

　　從佛法的觀點來說，一切諸法實相就是如此，雖不要貪著、卻也不是不珍惜。你認為每天都要這樣吃飯睡覺，對這一天的生命就不會產生珍惜的心，生命就會很空洞。如此一天天、一年年過去，就構成了一個虛妄的人生。

　若能從茶禪的修行體會到一期一會，哪怕只有少許的感受或領略，你就知道不是離散依依時才叫可貴，而是在每一個因緣進行和變化當中，就是最可貴的，因為它就是你的真實生命。

　既是一期一會，我們都曾珍惜也努力過，又何必有難分難捨的情緒？此心若能長久時，又何必在乎朝朝暮暮。要用心體會，過你未來的人生，這才是以禪法接引眾生的真實目的。

小 草 與 佛 身

禪，就是我們的生命，禪不可以離開生活。

禪法不是只有在禪堂裡面使用，更要走出禪堂，深入民間每一個家庭、每一個人的生活中。生活裡面如果有禪法的訓練，就能對任何事物都有很深的體驗和感受，見到所謂一花一世界、一葉一如來的真諦。

為什麼我們的生活如此雜亂無章、生命如此空虛渺茫，體會不出生命的可貴？就是因為沒有經過訓練，只是在外在物相上追逐，在意茶壺多少錢，茶葉多名貴‧‧‧，都是在功利、價值上面做比較，而沒有化成內心的修練。

內心的修練，是藉著種種物相使我們專注、對事物誠懇，例如從茶禪的訓練達到外煉內化，才能真正成為自由自在的解脫人。

　　慢慢掌握得住，回歸到佛法來用心時，就好像古詩中「所謂伊人，在水一方」，你四處去尋她、覓她，找了千山萬水，最後才知道原來伊人在水中央，但是你親近不到她，只是朦朦朧朧的似有若無。你已經知道她在那裡，也見到那個人影，可是你的心還沒相應到。求道、做學問正是如此，也就是說，從修道、覓道的過程中，你一直要找到真正實際的東西是什麼，這是次第禪法的用功。

　　禪宗的用功，是先掌握住：所謂「伊人」不只是指理想中的佳人，乃是指你現下生命裡最美好的真實。你掌握住、知道了，所有一切就水到渠成；當你去運用時，就能展現出生命內在的力量。

　　心中沒有任何妄想、執著、貪戀時，當物相呈現在你眼前，它的真善美就可以直接和你相應，就會感受到生命真正的踏實。再超越這踏實，再回轉過來時，就能做到從心所欲不逾矩；去使用它，就對了。

　　所以趙州和尚說：我可以把一片葉子當作丈六金身用，也可以把丈六金身的佛當作一片葉子來使。因此，當有人問他什麼是佛，他說狗屎。

　　有人會認為：「啊～佛好偉大！你怎麼貶低他？」其實，真正了解諸法究竟實相時，心境上沒有這些對立；而雖然沒有這些對立，卻可以非常靈巧的相應到其中的差別相，可以觀照到眾生的問題，然後來破他，幫助他走出生命的迷惘，見到生命真實的光明，這就是真實的禪法。

落草為寇

手工製的陶杯，每一個都不同，不是去分別它的高低價格，而是從它的差別裡感受不同的相所呈現出的美感與作用，才是真正的佛法。

禪宗說一切諸法究竟空寂，「無智亦無得，以無所得故，菩提薩埵」，不要以為這就是什麼都沒有，不對，照樣要還它差別相，但不是執著它。

不是一定要在外型上很樸素、或刻意擺出某種姿態，才叫做修行人。適如其分的表達，才是在種種萬相裡見出它的實相，實相裡又具足萬相，這才是真相。並不是抹煞了差別，只是齊頭式的平等，而是在差別裡面知道它是無自性的，不要貪著，能和大家共同分享，一切萬法都可以在心裡無執著之下去如實應用。

若有國王請釋迦牟尼佛到王宮說法，他不會說：我是修行人，七寶製成的椅子不可以坐。幾年前，我曾在印度菩提加耶見到達賴喇嘛講經說法，印度很熱，他老人家身著法服坐在帳蓬裡面。法會

中，其他人念經都滿專注的，達賴喇嘛則是一面念經、一面轉過來轉過去地看大家，有人會覺得一個高貴的上師怎麼念經心不在焉，偶爾有一些人不了解儀軌，拿著紅包上前去供養，他也會跟他們點點頭，不會裝作看不到。這就是如如！

他已經從生活、從修行的訓練到達無相的境界，所以任何時候所呈現的都是他本性的自在，不必藉眼觀鼻、鼻觀心專心念經，不像我們不是心不在焉、就是被境所轉。而達賴喇嘛嘴在念、眼睛看信眾，並且做出回應，有種種作為，看似不專心，其實他是同時在觀照全體、如實回應，這才是大定。

從禪修的和諧統一後，要如實相應諸法緣起當下是空寂的、沒有自性，到底它是什麼？經典講得再多都不是你的，你要自己去參悟！

為什麼一切諸法見相非相？洞山良价祖師過橋時，看到橋下的水影即說：那個影子不是我。你要確實相應到為什麼當下的相不是

真正的我。如果你認為當下不是你，另外想找真實相，其實離開假我也沒有真我存在。必須了解什麼叫做無相，沒有人相、我相、眾生相、壽者相，所謂諸法本自空寂的相到底是什麼，要確實體驗到。

在禪修時感受到和諧安詳，心與物相融，身心一如，前後念一如，從身心相超越到達無心、亦即無相的境界，才是見性。

有一些修行人只是身心相應統一，就認為自己悟道，祖師就會拿問題來考驗，例如：龍女八歲成佛，當下為何還要轉女成男？你要怎麼回答？如果一思惟，就是還沒有真正見道。逼問時，你還要思索，香板就下去了。

你若回答：「因為女相不可以成佛。」經典是這樣說，但那只是方便法；或者說：「無男女相可得。」又掉在無裡，香板照樣打下去。該如何回答？只要你真的見性，就知道該怎麼回答，就能轉身有道。

如果只是在文字語言或心上的感受，無法見到生命實相。像大慧宗杲真正悟道前，很用功修行，對語錄、公案、祖師的教法都很

明瞭，但他知道自己沒有悟，很多祖師考他，他都能應對，也有曹洞宗的禪師要傳法給他，他都不願意，因為心知肚明自己尚未真實了悟。

後來他去見湛堂文準，這位老和尚一直不認可他，甚至他才開口就說他錯。哪需要等你開口，就在你起心動念當下已落相上，等到開口那叫第二句、第三句了。

老和尚年老往生前，告訴他去參圜悟克勤。大慧宗杲去見他前，心想：如果老和尚還是像其他人那樣認定我開悟，我就再也不參禪了，不如去深入經教，或者找地方修行，寫一本無禪論。

結果，圜悟克勤不同於其他老和尚，他對大慧宗杲說：你能說能寫，但還欠「啵！」一聲。於是大慧宗杲留在他座下繼續用功，終至開悟。

禪宗所有的用功修行都和佛陀所說的教理相通，當你不能直接從清淨心來用功，就必須先從有相一步一步用功過來，首先體會一切諸法無自性，是因緣所生。因緣所生的法都要去參與它，你才能

感受到生命的充實與和諧，如此你的生活就安然自在了；但是它不是解脫，解脫要見性，知道諸法實相空寂。然而，如果只是掉在空的上面，禪宗說這是「法身未透脫」，意思是你已證悟到心性空寂，卻沒從這方面透出來，最多像二乘人證得偏真涅槃，只是空寂的，產生不出任何作用。

禪宗說，那只是在「妙高山上坐」，坐在最高的山峰頂上，卻未能落草為寇，還必須要「深深海底行」，到深海底去行。意思是說，聖人不要做，要去做土匪。哈哈，當然不是去搶殺擄掠，是說當你證悟到這境界後，不要住著於此，而能進入萬象的三昧，不要只停在空無，要下到人間的五欲塵勞、五濁惡世，這一切當下就是生命的實相，也是涅槃的真實境界。

　　為什麼祖師們證悟後要走向人間？也是希望讓大家了解，當你對生命能確實掌握時，才能做到任性逍遙，那是何等自在！

　　看到人家這樣，不要只是羨慕，以為自己沒有份，那是妄自菲薄。要有大擔當！佛法說我們與佛無二無別，每個人具足種種的福德智慧，跟佛無差別，能夠承擔就能受用。

　　但是在承擔受用之前，必須要有一番寒徹骨，才能得到梅花撲鼻香。人生不經過千錘百鍊，哪來金剛王寶劍的智慧！

觀自在

六祖慧能在未得到五祖認可前，已經見到了生命實相。五祖叫他去槽廠幫忙、繼續用功，他說：我本性就具足這些，不用培福。老和尚沒說話，只是叫他去，因為如果住著在「實相空寂」，那只見到一邊，不算完整，就不是禪宗所說的「明心見性」。

一直到五祖為他說《金剛經》，講到「無住生心」時，他才真正大悟，於是說出：「何期自性本自清淨，何期自性本不生滅，何期自性本自具足，何期自性本不動搖，何期自性能生萬法。」前幾句是說心性本來實相，最後一句「何期自性能生萬法」才是明心。

所謂明心見性，「性」是在法的實相上說，「心」則是從種種妙功德、妙作用來說，慈悲心、愛心、妄心、染心‧‧‧等等都叫相用。

如果你只體悟到性的本來空寂（或如如、無相、空、三三昧），那只是諸法實相而已；如果只體會到這樣，無法見到空裡其實不空、無相裡才是有相、無作中才是妙作，那不叫明心。

　　小乘和大乘都有三三昧（即空、無相、無願），但大乘的三三昧跟小乘的顯然不同。小乘見到的緣起空只有人空，法卻不空。大乘的般若空不是只有色是空，當下空也就是色，一切諸法──例如茶杯、茶勺──呈現出來是「色」，明白它是緣起無相、無自性，叫做「非色」；最後還要還原它，是「名色」。茶杯非茶杯，是名茶杯，這時才是識心達本，見自本性、識自本心。

　　要活出真實生命，就必須能於相離相、或見相非相。能做到還一切相的如如，當下它就是究竟實相。

　　很多人學佛學到變呆瓜，變得消極、無所作為，不敢笑也不敢哭，那叫造作。該笑就大聲笑，該哭就大聲哭，有何不可？

　　「因緣所生法，我說即是空，亦為是假名，亦是中道義。」這是從空、假、中的三觀來修行見到真實。在空假中之前，可先經由觀照到達一心，也就是參禪之前的身心訓練，要先達到一心之後才

能參禪得力，參什麼是真實的；那時因為能不對境起妄想分別，而且專注力又強，話頭才能綿綿不絕，疑情才能真實生起。

　　四禪八定的身心變化，乃至空、假、中三觀的修行，在參話頭過程裡都能達到。教下認定凡夫具足種種煩惱，要藉由薄地的凡夫修到最高境界；而經典告訴我們本來圓成、本來如如，禪宗的祖師禪就是從「諸法本自如如，眾生本來是佛」的認知來修行。諸法本來空寂，因此無得、無修、無證，這是諸法實相。如果只是這樣，還只掉在法身實相，尚要具足如來的智慧德相，有種種度生善巧方便和慈悲願力，才是究竟圓滿，這叫祖師禪。

　　祖師禪是經由認知確信是如此，從確信去參，把確信的東西變成生命實證。祖師禪看起來沒有方法、作略去用功，事實上有，但不刻意偏在哪部分，不是告訴你要天天打坐或念佛，它是在生活當下不離清淨心。如同《心經》裡的「觀自在菩薩，行深般若波羅蜜」，「觀自在」是生命實相，只要不離清淨心，當下就自在。能夠從性上起智慧觀照（即清淨心的妙用），就能「照見五蘊皆空」，就可「度一切苦厄」。

　　如果從全體上來說，生命的實相是「觀自在」，你只要常常觀自在，其他的就不必去用功，一句觀自在就具足了。但你無法當下把自己當作觀自在，那麼，想達到觀自在的境界，就要行深般若波羅蜜，常常照見五蘊皆空，又常去體會「色不異空，空不異色，受想行識亦復如是」，從四諦、十二因緣、六度萬行的修行，又告訴你無老死也無老死盡，遠離一切顛倒恐懼，無智亦無得，到最後畢竟空無‧‧‧。這都是當你已經一念掉入分別時所需要的用功修行，這是次第如來禪的用功。

　　在祖師禪就不需要。當下深信生命本來就清淨如如，從生活中當下見到生命的實相與你無別。如何見到它的無別，如何產生它的妙用，就變成你生命的實證。

　　一花一葉、一香一味，為什麼都是究竟中道實相？這是從禪的究竟理地上來用功，它不是叫你一步一步來，也不叫你從空觀、假觀，再到達中道實相觀，不需要。它是當下見到諸法本來空寂，具足如來智慧德相——這是佛說的；你雖沒有證得，但是相信佛說的話，就化成實修去體驗，這就叫參禪。

　　如果只是眼觀鼻、鼻觀心的打坐數息，那是外道禪；或者念經拜佛到身心安定，那叫天道禪，因為沒有造作，頂多是修善根福德，將來是上天，因為都落在相上的昇華，「凡所有相，皆是虛妄」，修行如果不能體驗到於相離相或見相非相，都沒見到生命的究竟實相。

　　藉助生活裡的用功訓練，使心力能集中，之後，不要掉在空、假、中的三觀上，依據三諦來修、證得三智；祖師禪是直接知道當下即空、當下即假、當下就是究竟的圓滿，在天台叫圓融三諦。

　　禪宗不給這些名相，只告訴你是心是佛、是心作佛，你就去體驗：這個心是佛，你能認定自己現在是佛嗎？佛明明這樣說，你為何不能認定？不認定還跟隨佛做什麼？要說認定，你又沒信心，不知它是什麼。

　　其實，這就對了。你認定是如此，可是你沒信心，那就把它變成有信心，從實際的修行去具足它。

　　所以為什麼禪宗不教我們只在文字義理上去追逐，因為那永遠追不到，經典已經把標準答案告訴大家了，可它還是它、你還是你。

　　我從前在佛光山讀書時，第一學期放假回到文化館，師公考我什麼叫佛，我照本宣科：「佛者，自覺覺他，覺滿也。」有悲心去覺他，自覺和覺他都做到最圓滿，我們稱作佛。師公看看我，很奇怪的問了句：「是嗎？」那時我也不曉得為什麼不是。

　　佛學院讀完後，自己也講經說法，但二十一歲得了腦瘤，不知哪天會翹辮子，這時所有的佛法都用不上，心中熱如火，一息不來我如何是好！這叫「內急」，很真實，所以會用心去參，因為經典理論全都知道，但不懂的就是不懂。

　　問你什麼是佛？佛在哪裡？如果你說「佛無處不在」，問你哪裡是，你就不敢再答第二句，這就不是究竟的答案了。若明白究竟答案，你馬上就知道什麼叫佛，知道為什麼佛和你無二無別，為什麼就是（或為什麼不是）你的心。

馬祖說「是心是佛」，二祖說「覓心了不可得」，到底它是什麼？如果用心參，就能參出來。

　　　　　　　　　　　　　　　✿

生活中每件事都是道，道是菩提，就是覺悟之意。每個事物都可以讓我們體驗到生命的究竟實相，只是看你有沒有這樣的訓練。

大多數人因妄想習氣住著在某些觀念、或某些修行的身心相裡出不來，這時佛法和善知識的指導就很重要，所以為什麼迷的時候要善知識為我們講解、悟時要自度，並不是經典可以教我們什麼或給我們什麼答案，必須要自悟自覺，只是在你有所住著時，善知識會用方法幫助你不去住著。

禪本來就是生命實相，本來就無所不在，不因為佛出來才有，也不因為佛滅就沒有。以前我看到這些經典，都覺得形容的很美，但它究竟是什麼，不知道！

簡單地說，「因緣所生法，我說即是空，亦為是假名，亦是中道義。」就是說不要只掉在空觀裡，必須從空入假，要知道生命的差別相，形形色色的如幻假相當下就是實相；雖如幻假，但有它的作用，男人有男人相，女人有女人相，還有種種的業果報，這都是差別相，一一宛然。說它存在，當下又不存在。

一切諸法所呈現出來的，不論是根、塵、識，眼見、耳聽、嘴說、心想‧‧‧，每個法都是究竟實相義，沒有任何差別，在生活中要去體會。不要以為這很簡單，當你的心沒有在那裡，就已遠離了清淨心、遠離了智慧的觀照。

老和尚說肚子餓了就去吃、累了就睡，叫無事道人。因為他能觀照諸法實相本來空寂，然而肚子餓了知道去吃飯、累了就去睡覺，這些相照樣知道，但不住著，這就是真正的實相。

其實老和尚不只如此，平日還做很多事，但不論吃飯睡覺或其他事，都一律當作大事看待。

歡迎加入
「祖師禪林法施功德會」
讓更多人知道佛法的好！

　　「佛法這麼好，知道的人這麼少」，所以發願
讓所有的人，都能夠體驗佛法的好——這是聖嚴長
老學佛弘法的初發心，也是聖嚴長老一生奉獻、實
踐的寫照，更是他老人家對僧俗四眾弟子最深切的
咐囑。

　　祖師禪林做為一個專修祖師禪法的道場，以承
當聖嚴長老的願心「發揚漢傳佛法，餤續祖師心燈」
自勉，結合經教義理、漢傳祖師禪法的特色、聖嚴
長老的教誡、以及果如法師的修行體驗為指引，定
期舉辦念佛、默照、話頭等禪修訓練，弘講經典及
公案語錄，並以不拘形式的茶禪、攝影禪、書法禪
等生活藝術禪坊，引導學人在生活中親近禪法。

為了讓更多人知道佛法的好，祖師禪林所有的講經說法、禪期開示、小參請法、對談內容、活動過程，都需要文字和影音的紀錄、整理、流通和宣揚，亟需長期投入大量的資源。「祖師禪林法施功德會」油然而生，非常需要您的護持，和我們一起共同承當聖嚴長老的願心。

　　歡迎您定期定額捐款贊助，或不定期隨喜護持，弘護影音文字法寶流通，功德無量！感恩您的發心願力。

現在就加入「祖師禪林法施功德會」，讓更多人知道佛法的好！

詳情請洽祖師禪林知客處：

電話：(02)2891-5205

傳真：(02)2891-5317

法施功德會專用匯款帳戶：

萬泰銀行 (代碼 809)　土城分行 (代碼 0256)

戶名：祖師禪林 / 帳號：025-11-81388-0-7

Account Name: Chan Grove

Account No.: 025-11-81388-0-7

SWIFT Code: CSMBTWTP

Bank: Cosmos Bank, Taiwan (Tucheng Branch)

國家圖書館出版品預行編目(CIP)資料

茶禪一味 / 果如法師著. -- 初版. -- 臺北市：祖師禪
林, 2014.09
196面；21×14.8公分. -- (生活禪系列；6)
ISBN 978-986-89467-6-7(平裝)

1.禪宗 2.佛教修持 3.茶藝

226.65   103017929

生活禪系列 02

茶禪一味

作　　　者	果如法師
出　版　者	祖師禪林
發　行　人	釋果如
總　編　輯	沈麗文
文 字 編 輯	沈麗文
錄 音 聽 打	陳可秀、李麗珠、鍾玉娟
照　　　片	蔣家如、吳曉柔、吳曉慧、江思賢
設 計 排 版	傑崴創意設計有限公司
發　　　行	祖師禪林
流 通 處 一	祖師禪林
地　　　址	台灣台北市北投區復興三路198號
電　　　話	02-2891-5205
傳　　　真	02-2891-5317
流 通 處 二	玉佛寺
地　　　址	台灣新北市中和區民享街457號
電　　　話	02-2222-7290
傳　　　真	02-2223-9682
初 版 一 刷	中華民國103年9月
I　S　B　N	978-986-89467-6-7
工　本　費	250元（平裝）